Bernd Imgrund

111 Whiskys, die man getrunken haben muss

Mit Fotografien von Tobias Fassbinder

111

emons:

Bibliografische Information der Deutschen Nationalbibliothek
Die Deutsche Nationalbibliothek verzeichnet diese Publikation in der Deutschen Nationalbibliografie; detaillierte bibliografische Daten sind im Internet über http://dnb.d-nb.de abrufbar.

MIX
Papier aus verantwortungsvollen Quellen
FSC® C083411
www.fsc.org

Redaktion: Ines Engbarth
Layout: Barbara Thoben/Designbüro Lübbeke | Naumann | Thoben
Kartografie: altancicek.design, www.altancicek.de
Kartenbasisinformationen aus Openstreetmap,
© OpenStreetMap-Mitwirkende, ODbL
Druck und Bindung: CPI - Clausen & Bosse, Leck
Printed in Germany 2019
ISBN 978-3-7408-0242-4
Aktualisierte Neuauflage Dezember 2019

Vorwort

Whisky – das ist der Löwe unter den Drinks, der König der Spirituosenwelt. Hier geht es nicht einfach nur um einen Schnaps, sondern um eine Schöpfung: Aus Wasser ward Whisky. Sei es der amerikanische Bourbon, der schottische Single Malt oder der ambitionierte Ableger aus einer whiskyfernen Ecke wie, sagen wir mal, Deutschland: Vom Mälzen und Maischen zum Destillieren, vom jahrelangen Lagern in ausgesuchten Fässern bis zum Abfüllen in die Flasche hat dieses Getränk einen langen Weg der Veredelung zurückgelegt.

Wer je mit Whisky in Berührung kam, der kennt den irischen Tullamore Dew, den Jack Daniel's aus Tennessee oder den klassischen Speyside-Spirit von Glenfiddich. Aber wussten Sie, dass Whisky auch in Indien und Japan gebrannt wird? Kennen Sie Exoten wie den schwedischen Mackmyra, den finnischen Teerenpeli oder den friesisch-niederländischen Frysk Hynder? Mister Jim Beam hieß ursprünglich Jakob Böhm und stammte von deutschen Landwirten ab, das ist so weit bekannt. Aber was hat es mit seltsamen Whisky-Likör-Zwittern wie dem kanadischen Fireball, dem Southern Comfort aus New Orleans und dem irischen Überflieger Baileys auf sich?

Im Vergleich mit den schottischen Großmeistern haben auch die deutschen Whiskypioniere inzwischen Boden gutgemacht. Seit den (Nachkriegs-)Zeiten von Racke Rauchzart hat sich zwischen Alpenland und Waterkant einiges getan. Sei es der bayrische Slyrs, der Fading Hill aus dem Wester- oder der Derrina aus dem Schwarzwald: Sie alle verdienen einen zweiten Blick. Oder besser: einen zweiten Schluck.

Dieses Buch beleuchtet die spannenden Hintergründe altbekannter Brennereien wie auch die Geschichten schräger Außenseiter. Es öffnet die Augen für jenes Lebenswasser, das die Lebensgeister weckt. Und wenn es zudem die Geschmacksknospen öffnet, hat es sein Ziel erreicht.

111 Whiskys

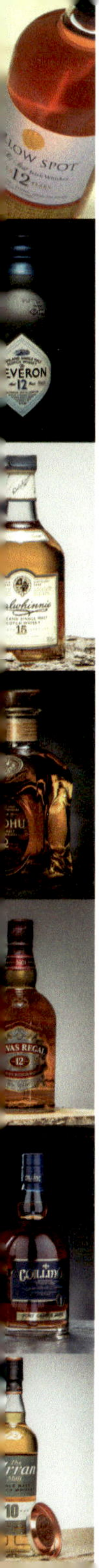

Preisklassen:

* = bis 25 Euro | ** = 25–45 Euro | *** = über 45 Euro

1 Aberfeldy

Single Malt Scotch, 12 Jahre, 40 %

Die Geschichte des Aberfeldy ist eng mit der Whiskydynastie der Dewars verknüpft. Ursprünglich hoben John Dewar & Sons ihre Brennerei 1896 aus der Taufe. Whisky aus Aberfeldy spielt noch heute eine Hauptrolle beim Blending der Dewar's-Mixturen, etwa des berühmten White Label. Der kleine Marktflecken in den Highlands wurde nicht zuletzt durch ein Poem des schottischen Nationaldichters Robert Burns bekannt: »The Birks of Aberfeldy« von 1787. Darin preist er nicht nur die titelgebenden Birken, sondern ebenso enthusiastisch die nebligen Schauer und springenden Quellen der Gegend. Flaschen mit dem stillen Wasser des »Pitilie Burn« – ebenjenes Brunnens, dessen sich auch die Aberfeldy-Brennerei bedient – können heutzutage im Internet geordert werden. Fügt man seinem Dram ein paar Tropfen hinzu, ist er zwar verdünnt, aber paradoxerweise auch: noch immer pur.

Nötig ist die kleine Manipulation mitnichten. Wasser verwässert, spricht der Purist, immerhin handelt es sich bei diesem 1999 etablierten Scotch um einen feinen Single Malt. Und der kommt auch ohne H_2O-Spritzer mit einem großen Füllhorn an Gerüchen und Geschmäckern daher.

Das Bukett oszilliert zwischen Früchte- und Bienenkorb, reife Orangen treffen auf aromatischen Honig. Ein wenig ölig und angenehm zähflüssig – wie die Wabenfrucht der Bienen – verteilt sich der Aberfeldy sodann auch im Mundraum. Wer ihn dort ein bisschen arbeiten lässt, spürt deutlich seine Herkunft vom Felde. Man denkt an sich sanft im Wind wiegendes Getreide, einst vom Regen ins Leben getrieben, nun jedoch trocken und würzig. Mit seinen feinen Röstaromen ersetzt der Aberfeldy den Kaffee nach dem Mahl. Und auch das finale Häppchen Obst kann man sich sparen. Denn im Abgang erinnert dieser Whisky zwar nicht an Burns Birken, aber dafür umso intensiver an die Birnen von Aberfeldy.

Geruch fruchtig-voll | **Geschmack** Honig, weich | **Preisklasse** ** | **Varianten** 21 Jahre | www.aberfeldy.com

ESTD 1846
ABERFELDY
HIGHLAND SINGLE MALT
SCOTCH WHISKY
GUARANTEED 12 YEARS IN OAK
MELLOWED FOR
TWELVE YEARS IN
HANDMADE OAK CASKS
PRODUCT OF SCOTLAND
ESTD 1846
ABERFELDY
HIGHLAND SINGLE MALT
SCOTCH WHISKY
GUARANTEED 12 YEARS IN OAK
MELLOWED FOR TWELVE YEARS IN HANDMADE OAK
CASKS, THIS SMOOTH, SWEET DRAM OFFERS RICH
REWARDS FOR THOSE WHO LIKE TO DIG DEEPER
LIMITED BOTTLING
BATCH Nº 2905

2_Aberlour

Single Malt Scotch, 12 Jahre, 40 %

Der River Spey gab der Speyside ihren Namen, dem Whisky-Eldorado in Schottlands Nordosten. Ein weiterer historischer Verkehrsnerv der Region findet sich mit der Craigellachie-Brücke rund zwei Meilen nordöstlich des Dörfchens Aberlour. Die imposante Gusseisenkonstruktion wurde 1814 von Thomas Telford errichtet, der unter anderem auch für den Bau des Kaledonischen Kanals verantwortlich zeichnete, jener Wasserstraße also, die Schottlands Ost- und Westküste miteinander verbindet. Einige Jahrzehnte später, genauer gesagt 1879, gründete James Fleming in Aberlour eine Destillerie. Der Sohn eines Farmers war vorbelastet: Durch seinen Job als Getreidehändler hatte er bereits zahlreiche Whiskybrenner kennengelernt. 1898 fiel eine Feuersbrunst über die Gebäude her, aber die Aberlour-Destillerie erstand aufs Neue. Und ist sie auch seitdem ein wenig modernisiert worden, so hat sich der alte Working-Class-Charme doch bis heute erhalten.

Aberlour-Whisky wird aus dem Saint Drostan's Well gespeist. Das reine, sehr weiche Wasser der Quelle spiegelt sich im Wesen des Destillats. Aberlour legt sich mild um die Zunge und fließt ebenso sanft die Kehle hinunter. »Einsteigerwhisky«, hört man zuweilen, aber der Aberlour ist auch etwas für Fortgeschrittene. Denn aus seiner Leichtigkeit heraus entwickelt dieser Tropfen einen durchaus komplexen Charakter. Zu den süßlich-fruchtigen Eindrücken gesellen sich malzige und vollwürzige Anteile. Seine 40 Umdrehungen scheint der Spirit nur in kleinen Dosen abzugeben. In der Summe jedoch generieren sie einen unaufdringlichen, zugleich kräftigen Alkoholschub.

Die Craigellachie Bridge ist beidseitig mit Wachtürmen und Schießscharten ausgestattet. Die Fortifikationen haben ihre einstige Bestimmung verloren, aber schützenswert ist das Areal bis heute. Und das Gleiche gilt für jene altehrwürdigen Gemäuer, die man nach der Brückenüberquerung erreicht.

Geruch fruchtig, mild | **Geschmack** sanft, gleichwohl charaktervoll | **Preisklasse** ** | **Varianten** 12, 16, 18 Jahre und andere | www.aberlour.com

ABERLOUR
ESTD 1879
HIGHLAND SINGLE MALT
SCOTCH WHISKY
DOUBLE CASK MATURED
12
YEARS OLD
70 cl e
DISTILLED & BOTTLED IN SCOTLAND
ABERLOUR DISTILLERY COMPANY LTD
40% vol.

3 Amrut

Indischer Single Malt, 46 %

Eine indische Legende erzählt von der Suche nach einem Mittel gegen die Sterblichkeit: Eines Tages gerieten die Götter und Dämonen mal wieder in Streit, rissen den Berg Meru aus seinem Grund und wühlten mit ihm die See auf. Die schäumenden Wogen brachten einen goldenen Topf ans Licht, der das lang gesuchte Elixier enthielt. Amrut kann übersetzt werden als »Nektar der Götter« oder in einem Wort: »Göttertrank« – kein schlechter Name für einen Whisky.

Die reinen Fakten zu Region und Rohstoffen klingen ausgesprochen exotisch. Das Wasser für diesen Whisky stammt aus einer Quelle am Fuße des Himalaya. Die Wolken, die vor dem größten Gebirge der Welt abregnen, bewässern zugleich die Getreidefelder, von denen die Destillerie ihre Gerste bezieht. Aber was heißt schon »exotisch«? Indien war einst eine britische Kolonie, und seitdem ist hier auch der Whisky heimisch. 1947 wurde das Land in die Unabhängigkeit entlassen, ein Jahr später gründete Shri J. N. Radhakrishna seine Whiskybrennerei. Der hochachtungsvoll J. N. R. genannte Patriarch fand seinen ersten Abnehmer im indischen Verteidigungsministerium. Heute ist die noch immer von der Familie geführte Brennerei die größte dieses großen Landes, das wiederum zum mengenmäßig größten Whiskyproduzenten des Globus aufstieg.

Spätestens bei der Verkostung verliert der Amrut alles Befremdliche. Doch noch immer scheint die Gischt der Götter im Amrut zu wüten, so scharf und würzig überrollt den Taster der erste Schluck. Spätestens mit dem zweiten jedoch wird aus dem Wüterich ein echter Kumpel. Er avanciert zu einem zwar wilden, aber vertrauten Gesellen, den man eher im Norden Schottlands als im südindischen Bangalore vermuten würde. Gaumen und Kehle sind nun geeicht und warten freudig auf die nächste Woge. Highlands oder Himalaya – was heißt das schon?! Ein Göttertrank kennt keinen Ort.

Geruch malzig, fruchtig | **Geschmack** Zitrusfrüchte, Eichenfässer | **Preisklasse** ** | **Varianten** Peated Malt, Fusion (indische und schottische Gerste) | www.amrutdistilleries.com

PRODUCT OF INDIA / PRODUIT DE L'INDE
Since 1948
AMRUT
INDIAN
SINGLE MALT WHISKY
AGED IN OAK BARRELS
Made from selected Indian barley, nurtured by waters flowing from the Great Himalayas.
70 cl e
700 mL e
46% vol.
46% alc./vol.
DISTILLED, MATURED AND BOTTLED BY AMRUT DISTILLERIES LIMITED
(N.R. JAGDALE GROUP)
KAMBIPURA, BANGALORE - 560 074 INDIA
PRODUCT OF INDIA / PRODUIT DE L'INDE
Since 1948
AMRUT
INDIAN
SINGLE MALT
WHISKY
AGED IN OAK BARRELS
Distillers for
Over three Generations
Made from selected Indian barley, nurtured by waters flowing from the Great Himalayas.
70 cl e
700 mL e
46% vol.
46% alc./vol.
DISTILLED, MATURED AND BOTTLED BY
AMRUT DISTILLERIES LIMITED
(N.R. JAGDALE GROUP)
KAMBIPURA, BANGALORE - 560 074 INDIA

4_ The Antiquary

Blended Scotch, 40%

Sir Walter Scott (1771–1832) war nicht nur ein früher Autor von Romanen, sondern auch ein Botschafter des schottischen Whiskys. Dieses Getränk entspreche vollkommen dem einfachen, rauen Leben des schottischen Landmanns, schrieb er. Und ein mit etwas Wasser verdünntes Dram hielt er für den perfekten Schlaftrunk. Eine von zahlreichen Brennereien, die sich Scotts Ruf zunutze machen, ist Tomatin, beheimatet in der gleichnamigen Ortschaft nahe Inverness. Der Name ihres Blends The Antiquary (»Der Antiquar«) geht nämlich zurück auf eine Gothic Novel von Scott aus dem Jahr 1816. Ursprünglich waren die Brüder John und William Hardie auf die Idee verfallen, ihren Whisky nach einer Figur Scotts zu benennen.

Mit dem Spirit Act von 1860 durfte Whisky fortan aus Malt- und Grain-Anteilen geblendet werden. Bald darauf legten die Hardies los. Und weil sie ehrgeizig waren, setzten sie sich zum Ziel, den »besten Blended Scotch der Welt« zu kreieren. 1888 hoben sie schließlich den Antiquary aus der Taufe. Ob er seinerzeit wirklich »der beste« war, weiß niemand. Dass er jedoch heutzutage zu den guten Blends gehört, davon kann sich jedermann überzeugen.

Der hohe Malzanteil des Antiquary steuert ihn geschmacklich in Richtung Single Malt. Sowohl die Nase als auch der Gaumen wird von sanften Rauchnoten befächert. Vanille fördert die Leichtigkeit des Blends, während Einsprengsel von Zitrone und Bitterstoffen für die nötige Durchschlagskraft sorgen. Sämig wie Öl rinnt der Antiquary schließlich die Kehle hinab und verbreitet anhaltende Wärme. »Von allen Lastern ist Alkohol das am wenigsten mit menschlicher Größe kompatible«, schrieb Sir Walter Scott einst. Darüber kann man streiten, zumal die Weisheit von einem großen Mann stammt, der den kleinen Schluck liebte. Und am besten tut man dies selbstverständlich bei ein, zwei strammen Drams. Gefüllt mit Antiquary zum Beispiel.

Geruch leichter Rauch, Malz | **Geschmack** Vanille, Zitrus | **Preisklasse** * | **Varianten** 12, 21 Jahre | www.theantiquary.com

THE
ANTIQUARY
BLENDED SCOTCH WHISKY
40% vol

5 Ardbeg

Single Malt Scotch, 10 Jahre, 46 %

Die Ardbeg-Destillerie begann schon vor einigen Jahren damit, an alte Zeiten anzudocken und ihren Whisky weder zu färben noch zu kühlfiltern. Das puristische Produkt mit seinen 46 Umdrehungen ist ein Fall für Liebhaber der Islay-Whiskys, welche sich durch ihren starken Torfanteil auszeichnen. Es gibt so manchen Tropfen, dessen Gerste über einem Torffeuer gemälzt wurde. Aber wo andere kleckern, da wird bei Ardbeg und den Nachbarn Lagavulin und Laphroaig (siehe Nummer 70) geklotzt. Schon das Öffnen einer Flasche Ardbeg versetzt den Taster an eine urig qualmende Feuerstelle. Nimmt er den ersten Schluck, wird schnell klar, wo dieser Torf herkommt. Was da zu Brennmaterial wurde, hatte definitiv einmal Kontakt zum Meer. Die Ardbeg-Destillerie liegt direkt an der Südküste der Hebrideninsel, die als eigene Whiskyregion geführt wird. Dementsprechend schmeckt man aus diesem Destillat die Algen und Meerestiere heraus, die hier anno dazumal verwitterten. Wenn man so will, ist Ardbeg eine Art schottisches Sushi – flüssiger, aber genauso naturbelassen-roh.

Es waren schottische Schwarzbrenner, die hier Ende des 18. Jahrhunderts die erste Anlage installierten. Der Platz war gut gewählt: Die idyllische Bucht mit ihrem natürlichen felsigen Hafen bot sowohl Schutz vor Entdeckung als auch die Möglichkeit, die benötigten Ressourcen per Schiff anzuliefern. Weil die Zollfahnder ihnen dennoch auf die Spur kamen, legalisierten die McDougalls ihren Betrieb schon 1815. Bis 1959 blieb er in Familienbesitz, bevor auch hier die Zeit der Übernahmen und zum Teil jahrelangen Schließungen begann. Aber das Potenzial dieses großartigen Whiskys schlummerte nur, die Torffeuer loderten weiter und warteten auf ihren Einsatz. Nach groß angelegten Renovierungsmaßnahmen öffnete die Brennerei 1997 aufs Neue. Und wird seitdem mit Preisen überhäuft.

Geruch Torf, Rauch | **Geschmack** Torf, Rauch, Vanille, Süße | **Preisklasse** **–*** | **Varianten** Corryvreckan (noch stärker getorft) und andere | www.ardbeg.com

ESTD 1815
Established 1815
Ardbeg
The Ultimate
ISLAY SINGLE MALT
SCOTCH WHISKY
GUARANTEED TEN YEARS OLD
NON CHILL-FILTERED
ARDBEG DISTILLERY LIMITED
ISLE OF ISLAY, ARGYLL, SCOTLAND PA42 7EA
DISTILLED & BOTTLED IN SCOTLAND

6 Ardmore

Single Malt Scotch, 40 %

Ardmore, gälisch Àird Mhòr, bedeutet so viel wie »große Höhe«. 600 Fuß sind es im Fall von Kennethmont, also rund 180 Meter. Nur weil hier schon im 19. Jahrhundert die Eisenbahn stoppte, konnte sich in dieser entlegenen Gegend eine Destillerie etablieren. Fast dreimal so hoch ragt der Knockandy Hill auf, dessen Quellen das Wasser für den Ardmore liefern. 1898 war es, als Adam Teacher seine Brennblasen erstmals befeuerte. Lange Jahre ging es hier nur darum, den Grundstock herzustellen für das Premiumprodukt der Brenner-Dynastie: Teacher's Highland Cream, den weltberühmten Blend (siehe Nummer 97). Bis heute bildet der Ardmore dessen »fingerprint whisky«, also den Hauptanteil. Aber er steht auch, ohne jegliche Gleichgewichtsstörung, auf seinen eigenen Beinen.

»A marriage of peated and unpeated single malt whisky«, heißt es in der Eigenwerbung der Brennerei. Ein jeder Trinker kann sich davon überzeugen, dass diese Ehe glücklich wurde. Wer seine Nase in ein Glas Ardmore Legacy steckt, merkt sofort: Hier ist beim Darren tatsächlich ein gewisses Quantum Torf zum Einsatz gekommen. Doch fühlt man sich deswegen nicht gleich wie in der Räucherkammer eines schottischen Metzgers – das Material wurde wohldosiert. Und auch in anderer Hinsicht bleibt die Balance gewahrt: Der Ardmore erschlägt den Taster mit keiner seiner Geschmacksnoten. Hier trifft Rauch auf Honig und Vanille auf Pfeffer, ohne sich zu neutralisieren oder gar gegenseitig davonzujagen. Stattdessen präsentiert sich ein reifer Whisky in einem zwar preiswerten, aber keineswegs billig wirkenden Kleid.

Diese Destillerie sei ein Ort, an dem sich »man, might and metal« vereinen, um »die raue Kraft der Natur zu feiern«. Letzterer wurde allerdings mit ein wenig künstlicher Farbe auf die Sprünge geholfen. Aber auf den Geschmack bezogen kann man das durchaus so stehen lassen.

Geruch Rauch, etwas zimtig | **Geschmack** Honig, Rauch, Pfeffer | **Preisklasse** * | **Varianten** Triple Wood, Port Wood Finish und andere | www.ardmorewhisky.com

320
300
THE
ARDMORE®
HIGHLAND SINGLE MALT
SCOTCH WHISKY
Kennethmont
Kirk Wood
Distillery
EST. 1898
LEGACY
LIGHTLY PEATED
LIGHT AND SWEET, WITH UNIQUE HIGHLAND PEAT-SMOKE NOTES
DISTILLED & BOTTLED IN SCOTLAND
A UNIQUE EXPRESSION OF THE ARDMORE; A MARRIAGE OF PEATED AND UN-PEATED SINGLE MALT WHISKY
40% vol * 70cl

7 Armorik

Bretonischer Single Malt, 46 %

Er kommt nicht aus Schottland, aber wie das Land im britischen Norden ist auch der Armorik keltischen Ursprungs. Stammt er doch aus der Heimat des Zaubertranks, aus der Bretagne. Defätisten mögen einwenden, dass die Berufung aufs Keltenerbe lediglich ein Marketingtrick sei – genau genommen haben die alten Gallier ja tatsächlich keinen Whisky gebrannt. Andererseits jedoch arbeitet man bei der Destillerie Warenghem unter ganz ähnlichen Bedingungen wie in Schottland oder Irland. Die Kleinstadt Lannion, in der sich die Brennerei befindet, liegt an der bretonischen Küste und gehört zum Département Côtes-d'Armor (keltisch für »Land am Meer«). Oberhalb der Uferlinie erstreckt sich eine den schottischen Vorbildern vergleichbare Heidelandschaft, die dem hier fließenden und versickernden Wasser ihren Stempel aufdrückt. Schon im Jahr 1900 hatte Léon Warenghem begonnen, mit Alkohol zu experimentieren. Sein erster Renner war das aus 35 Pflanzen und Kräutern komponierte »Elixir d'Armorique«. Über Minz- und Anisschnäpse fanden Léons Nachfolger schließlich 1983 den Weg zum Whisky.

Der gewöhnliche Whiskyfreund würde den Armorik Classic im Rahmen einer Blindverkostung niemals als bretonisch identifizieren. Der dezente Torfgeruch würde ihn eher gen Islay leiten, auf die für ihre rauchigen Spirits bekannte Hebrideninsel. Mit dem ersten Schluck setzen sich dann jedoch vor allem fruchtige Noten durch. Geschmacksintensive Äpfel stecken hier unter einer Decke – besser: unter einem Deckel – mit nussigen und süß-malzigen Aromen. Und als scharfwürzige Salve befeuert der Armorik schließlich auch nach dem Herunterschlucken noch lange den Rachenraum.

Bekanntermaßen bedienen sich Asterix & Co. des Zaubertranks, bevor sie gegen den Feind ziehen. Von magischer Kraft ist durchaus auch der Armorik – wenn auch in seiner Wirkung eher betörend als martialisch.

Geruch leicht rauchig | **Geschmack** vollfruchtig, malzig | **Preisklasse** ** | **Varianten** Sherry Finish, Breizh (ein hauseigener Blend) und andere | www.distillerie-warenghem.com

GWELLOC'H BEPRED
ARMORIK
SINGLE MALT
Classic
Strilhet, koshaet ha lakaet en boutailh e Breizh
• Indication géographique •
WHISKY DE BRETAGNE
SINGLE MALT

8_Arran

Single Malt Scotch, 10 Jahre, 46 %

Der 9. August 1997 war ein großer Tag für die kleine Insel Arran. Rund drei Jahre nach dem ersten Spatenstich wurde damals das Visitor Centre der örtlichen Destillerie eröffnet. Und zwar von niemand Geringerem als Queen Elizabeth II. persönlich.

Eigentlich war es eine naheliegende Idee, hier im schottischen Westen einen Whisky zu brennen. Schließlich liegt nur ein schmaler Streifen Wasser zwischen Arran und der Halbinsel Kintyre mit ihren famosen Campbeltown-Brennereien. Aber bereits 1837 hatte auf Arran die letzte Destille ihre Pforten geschlossen. In Lochranza, im äußersten Norden des Eilands, erstand die Arran-Brennerei deswegen vollkommen neu. Malerisch umrundet von grünen Bergen, wird hier ein angenehmer Single Malt hergestellt, der 2001 erstmals auf den Markt kam. Maßgeblich verantwortlich: Gründer Harold Currie. Der renommierte Blendmaster erfüllte sich mit der eigenen Brennerei einen Lebenstraum.

Wegen der Lage am Golfstrom herrscht auf Arran ein vergleichsweise mildes Klima. Es lässt Palmen gedeihen und, so sagt man, hat einen erkennbaren Anteil an der Reifung des Whiskys. Wer den Arran verkostet, wird ganz sicher die Prise Salz wahrnehmen, die das Meer in die Fässer zauberte. Auch trockene Früchte im Verbund mit Vanille und Nüssen sind mit von der Partie. Im Gegensatz zu vielen anderen Whiskys kommt der Arran ungefärbt und ohne Kühlfilterung in die Flasche. Das gilt auch für seinen rauchigen Bruder »Machrie Moor«, so getauft nach einem torfigen Moor im Inselwesten.

Die schonenswerte Brutzeit eines Steinadler-Pärchens hatte die Eröffnung der Destillerie ein wenig hinausgezögert. Aber schließlich kam die Queen, und sie ging nicht unbeschenkt. Zwei Fässer Whisky werden seither auf Arran gelagert, gedacht für ihre damals noch minderjährigen Enkel William und Harry. Ob die beiden ihr Deputat inzwischen verköstigt haben, ist jedoch nicht bekannt.

Geruch trocken-fruchtig, Vanille | **Geschmack** nussig, würzig, leicht salzig | **Preisklasse** ** | **Varianten** Machrie Moor (getorft), diverse Jahrgänge | www.arranwhisky.com

Arran
The Arran Malt
SINGLE MALT
SCOTCH WHISKY
AGED
10
Arran

9_Auchentoshan

Single Malt Scotch, 12 Jahre, 40 %

Moderne Marketingexperten geben ihren Produkten gern eingängige Namen. Der entsprechende Slogan bekommt dann noch eine Alliteration und/oder einen Reim verpasst, und fertig ist das Branding. Bei Whiskys, jedenfalls bei schottischen, ist das jedoch anders. Die entstanden in einer Zeit, als das Gälische noch weiter verbreitet war und mehr oder weniger ausschließlich für den heimischen Markt produziert wurde. Ein Kind genau dieser Ära ist der Auchentoshan. Das keltische Wort spricht sich – ungefähr – »Ohkentoschen« und meint so viel wie »die Feldecke«.

Deutlich simpler steht es um die Herleitungen der Spitznamen dieses Lowland-Whiskys. Weil er nahe der größten Stadt Schottlands entsteht, taufte man ihn »Glasgow's Malt Whisky«. Und wegen seiner Milde erhielt er den – nicht unbedingt scherzhaft gemeinten – Titel »The Breakfast Whisky«. Ein Dram zum Frühstück ist zwar nicht jedermanns Sache. Aber tatsächlich begegnet uns dieser Tropfen zunächst einmal so »smooth« wie ein Kamillentee. Auch im Abgang ist der Auchentoshan extrem bekömmlich, wiederum sehr sanft und von großer Ausdauer. Zwischendurch tragen Zitrusfrüchte, Karamell und ein paar Haselnüsse ihr Scherflein zum Gesamtkunstwerk bei. Was den Spirit von seinen schottischen Brüdern grundlegend unterscheidet, ist seine auffällige Süße. Ihre Ursache hat sie im Produktionsprozess, der hier um 1800 möglicherweise von irischen Einwanderern etabliert wurde: In Old Kilpatrick am Ufer des Clyde kommt keinerlei Torf zum Einsatz, und zugleich wird dreifach destilliert. Die größere Reinheit dieses Prozesses geht einher mit einer deutlichen Entschärfung des Produkts. In den Flaschen landet so am Ende ein edler, recht preiswerter Stoff, der alle Anforderungen an einen guten Whisky erfüllt: zu munden, zu wärmen, den Geist anzuregen und ein bisschen zu bimmeln.

Geruch fruchtig, sanft | **Geschmack** süß, Karamell | **Preisklasse** ** | **Varianten** verschiedene Jahrgänge (18, 21) und Lagerfässer (American Oak und andere) | www.auchentoshan.com

THE TRIPLE DISTILLED
AUCHENTOSHAN®
SINGLE MALT SCOTCH WHISKY
AMERICAN OAK®
Vanilla and coconut with clean citrus zest – from first fill bourbon casks.
EVERY SINGLE DROP TRIPLE DISTILLED
700 ml℮ alc. 40% vol.
AUCHENTOSHAN
DISTILLERY

10_Aultmore

Single Malt Scotch, 12 Jahre, 46 %

Auf ihrer Website stellen die Aultmore-Brenner die Abgeschiedenheit ihrer Anlagen heraus. Hinter den sieben Bergen, bei den sieben Zwergen im ewigen Nebel, da findet ihr uns – so die Botschaft. Und dementsprechend rar und wertvoll sei eben auch der Whisky, den man hier produziert. Ganz so wild ist es dann aber doch nicht mit der Einöde. Der kleine Ort Keith gehört whiskygeografisch zur Speyside im schottischen Nordosten und ist verkehrstechnisch gut erschlossen. Einer der bekanntesten Söhne von Keith, der ehemalige Fußballprofi Colin Hendry, war Kapitän der Schotten bei der EM 96 und der WM 98. »A hard-working town« nannte er seine Heimatstadt, die ihn mit ihren vorgelagerten Ölbohrinseln und der Whiskyindustrie stark geprägt habe. Bis heute existieren hier und in der näheren Umgebung mehrere Destillerien, Strathisla zum Beispiel (siehe Nummer 95).

Was Hendry mit Vorliebe trinkt, ist nicht bekannt. Aber ein heimischer Aultmore wäre sicher nicht seine schlechteste Wahl. Die jugendlich helle Färbung kann bereits beim Öffnen der Flasche nicht darüber hinwegtäuschen, dass man es hier mit einem gestandenen Whisky zu tun hat. Zwölf Jahre hat er an seinem Bukett gearbcitet, das den Taster in eine Welt aus reifen Birnen und frisch geschnittenem Gras zieht. Ölig weich dockt der Aultmore am Gaumen an, um dort seinen Fächer an weiteren Geschmäckern aufzufalten. Herausragend dabei der Eindruck von, tja: so etwas wie Zitronenkeksen.

Der Name Aultmore stammt vom gälischen Ausdruck »An t-Allt Mòr«, was so viel wie »Großer Brunnen« bedeutet. Als Alexander Edward hier 1895 mit der Whiskyproduktion begann, bediente man sich noch eines Wasserrades. Bald jedoch wurde es abgelöst von einer weitaus kräftigeren Dampfmaschine. 70 Jahre lang tat das inzwischen ebenfalls historische Gerät seinen Dienst. Heute ist es auf dem Brennereigelände ausgestellt.

Geruch Birnen, Gras | **Geschmack** Zitrus, Kekse | **Preisklasse** ** | **Varianten** 21, 25 Jahre | www.aultmore.com

SINCE 1897
AULTMORE
FIRST DISTILLED 1897
AULTMORE
OF THE
FOGGIE MOSS
SPEYSIDE SINGLE MALT
SCOTCH WHISKY
AGED 12 YEARS
Often veiled in obscuring mist from the FOGGIE MOSS, the distillery has long been shrouded in mystery. Yet its whisky's exceptional smoothness reveals why industry insiders accorded it a rare TOP-CLASS status – and why the dram of LOCALS and BUCKIE FISHERMEN has been a secret savoured for over 100 winters.
ALEXANDER EDWARD
FOUNDER
46% Vol
THE AULTMORE DISTILLERY COMPANY
BUCKIE ROAD, SCOTLAND
700ml / 70cl e

11 Baileys

Sahnelikör, 17 %

Die Geschichte von Baileys beginnt mit Aufschneiderei. Um das Produkt möglichst irisch, möglichst handgemacht und authentisch aussehen zu lassen, wurde ein Erfinder erfunden. Man liest die schwungvolle Unterschrift von »R. A. Bailey« auf jeder Pulle, aber einen Mann dieses Namens hat es nie gegeben. Als eigentlicher Vater des Likörs zeichnet der Ire David Dand verantwortlich. Der langjährige Angestellte der Spirituosenfirma Gilbeys hatte bereits 1961 einen Coup gelandet. Inspiriert durch einen USA-Besuch, hatte er den Wodka von Smirnoff in Irland eingeführt – die Iren waren begeistert. Anfang der 1970er dann kam ihm die Idee, zwei scheinbar völlig disparate Flüssigkeiten miteinander zu paaren: Whiskey und Sahne. Inzwischen weiß man, dass Ersterer die zweite sogar haltbar macht, ganz ohne Konservierungsstoffe und im Falle von Baileys für zwei volle Jahre. Dands cremiger Whiskeylikör kam schließlich 1974 auf den Markt, und er war vom Fleck weg ein Erfolg. Heutzutage, so erklärt die Firma voller Stolz, arbeiten 1.500 irische Farmer und ihre 40.000 irischen Kühe Tag für Tag daran, den Baileys mit Milch zu versorgen. Weltweit wird er in über 150 Ländern vertrieben, Tendenz steigend.

Manche Männer zieren sich, so einen Baileys vor aller Augen zu bestellen. Aber man kann es drehen und wenden, wie man will: Das Zeug schmeckt einfach lecker, vor allem auf Eis. Cremig, süß und dann auch noch mit Schuss: Was will man mehr?!

Und es geht ja auch geheim, allein zu Haus.

David Dands erste Experimente wurden mit einem handelsüblichen Küchenmixer vollzogen. Genau so kann man auch heute noch vorgehen. Man nehme: zwei Teile Whiskey (bei Baileys vor allem: Bushmills), zwei Teile Sahne, vier Teile Kondensmilch (als Süßstoff statt dem im original Baileys schwimmenden Zucker) sowie je einen Teelöffel Vanilleextrakt, Kakao- und Kaffeepulver. Wohl bekomm's!

Geruch Kakao, Kaffee, Whiskey | **Geschmack** cremig-süß mit Schuss | **Preisklasse** * | **Varianten** Ice Coffee (Dose), Pumpkin Spice (würzig-mürbe) und andere | www.baileys.com

BAILEYS®
The
ORIGINAL
Irish Cream

12 Ballantine’s

Blended Scotch, 40 %

Ballantine’s ist allgegenwärtig. Man bekommt ihn beim Discounter, am Büdchen und genauso an der Tanke. Ein Allerweltswhisky also, ein schottischer Blend für zumeist deutlich unter 20 Euro. Wenn man das so aufschreibt, wirkt es ein wenig herablassend. In Wirklichkeit jedoch sagt das Vorige nicht besonders viel über die Qualität aus. Auch dieser industriell gefertigte Weltbestseller hat seine Geschichte, auch er ist es wert, nicht nur geleert, sondern verkostet zu werden. Dass er dann trotzdem nicht besonders gut schmeckt, ist eine andere Sache.

Der Bauernsohn George Ballantine eröffnete 1827 einen Lebensmittelladen in Edinburgh. Von Beginn an verkaufte der damals 19-Jährige auch Spirituosen und begann bald mit ersten Blending-Experimenten. Ballantine’s Finest, 1910 etabliert und heute das Flaggschiff der Armada, ist Gründungsvater George gewidmet. Neun Jahre später verkauften Georges Nachkommen die Firma – zu äußerst günstigen Konditionen, sagt man.

Mit Beginn der 1960er Jahre näherte sich Ballantine’s dem kontinentaleuropäischen Markt und stieg auf zu einem seiner Führer. Auch in Ostasien, speziell in Südkorea, steht der schottische Blend auf den vordersten Plätzen. Über seine Zusammensetzung weiß man nicht viel. Angeblich sollen hier mehrere Dutzend verschiedener Malts sowie eine Handvoll Grainwhiskys zusammenspielen. Vielleicht sind das zu viele Teilnehmer, die sich gegenseitig neutralisieren. Jedenfalls haut einen so ein Ballantine’s nicht gerade um vor lauter Expressivität und Charakterstärke. Etwas abgestanden im Geruch, erobert er sein Terrain mit alkoholischer Schärfe. Eine gewisse Süße legt sich über die Zunge, ansonsten wird die Phantasie des Verkosters kaum angeregt. Als Abgang bleibt das Bild eines angebrannten Toasts zurück und der Plan, den nächsten Ballantine’s selbst zu blenden: mit Cola und Eis nämlich.

Geruch säuerlich | **Geschmack** etwas scharf, Kekse | **Preisklasse** * | **Varianten** verschiedene Jahrgänge | www.ballantines.com

Ballantine's
FINEST
ESTD
1827
Amicus Humani Generis
Ballantine's
FINEST
BLENDED SCOTCH WHISKY
BLENDED & BOTTLED IN SCOTLAND
GEORGE BALLANTINE AND SON LTD.,
DUMBARTON, G82 2SS, SCOTLAND
PRODUCT OF SCOTLAND
B

13 Balvenie

Single Malt Scotch, 12 Jahre, 47,8 %

In Mortlach bei Dufftown liegt eine der ältesten Christensiedlungen Schottlands. Sie geht auf das 6. Jahrhundert zurück. Ausgerechnet hier, bei den vermeintlich enthaltsamen Frühgläubigen, entwickelte sich zu Anfang des 19. Jahrhunderts ein Zentrum der schottischen Whiskyproduktion. Ab 1823 wuchsen beeindruckende sieben Brennereien in den Himmel, und ganz zu Recht entstand seinerzeit der Spruch »Rome was built on seven hills, Dufftown stands on seven stills« (Rom wurde auf sieben Hügeln erbaut, Dufftown steht auf sieben Brennblasen). Sowohl die 1887 eröffnete Destillerie Glenfiddich als auch die fünf Jahre darauf etablierte namens Balvenie gehen auf William J. Grant zurück. Bis heute liegen sie nah beieinander und in direkter Nachbarschaft zu den pittoresken Ruinen von Balvenie Castle.

Einige der Dufftown-Pioniere sind inzwischen von der Bildfläche verschwunden. Balvenie jedoch überlebte. Vielleicht liegt das daran, dass hier bis heute einiger Aufwand getrieben wird. Die für den Whisky benötigte Gerste wächst auf den Feldern oberhalb der Brennerei. Und sogar gemälzt wird sie, zumindest zu Teilen, noch genau hier vor Ort. Keine Kleinigkeit, wenn man bedenkt, dass die Sprösslinge auf der Tenne, dem »malting floor«, bis zu viermal am Tag gewendet werden müssen.

Die hier verkostete Abfüllung stammt aus einem »Single Barrel« – einem einzigen Fass. Jedes Stück Holz wächst auf seine eigene Art und hat seine eigene Konsistenz. Das bedeutet, jedes Fass prägt die in ihm lagernde Flüssigkeit mit seinen eigenen Inhaltsstoffen, Säuren und Aromen. Anstatt den Whisky durch Mischen aus verschiedenen Behältnissen zu synchronisieren, bleibt er auf diese Art individuell. Dennoch gemeinsam ist den Single Barrels von Balvenie der fein-süße Einschlag von Honig und Vanille, der diesen Whisky zu einem ebenso freundlichen wie reichhaltigen Klassiker macht.

Geruch süß, Vanille | **Geschmack** weich, Honig | **Preisklasse** **–*** | **Varianten** Double Wood 17 Jahre, Peated Cask u. a. | www.thebalvenie.com

ESTD 1892
SINGLE MALT SCOTCH WHISKY
Distilled at
THE BALVENIE®
Distillery Banffshire
SCOTLAND
SINGLE BARREL
Cask Type FIRST FILL
AGED 12 YEARS
THIS BOTTLE IS ONE OF NO MORE THAN 300
DRAWN FROM A SINGLE CASK
CASK NUMBER
4779
BOTTLE NUMBER
225
70cl/700ml e
THE BALVENIE DISTILLERY COMPANY
BALVENIE MALTINGS, DUFFTOWN,
BANFFSHIRE, SCOTLAND AB55 4BB
47.8%vol
BILGE HOOP
The central hoops after the Quarter hoops
END HOOP
Hoops at the heads of the cask
NON CHILL-FILTERED
700ml/70cl e

14_Bell's

Blended Scotch, 40 %

Wie so mancher Whiskypionier hatte auch Arthur Bell (1825–1900) als kombinierter Spirituosen- und Teehändler begonnen. Der alkoholische Zweig kam in die Erfolgsspur, als der Schotte aus Perth Anfang der 1850er damit begann, Destillerien aufzukaufen und aus verschiedenen Single Malts seine eigene Marke zu blenden. Sehr früh sandte der findige Kaufmann auch einen Agenten nach London, um seine Produkte in der Metropole an den Mann zu bringen. Heutzutage ist Bell's eine Weltmarke und gehört nicht nur in Großbritannien zu den meistverkauften Whiskys.

Bell's besteht aus 60 % Grain- und 40 % Maltwhisky. Neben dem Fingerprint Blair Athol enthält er auch Edelmalts wie Dufftown, Inchgower, Glenkinchie und Caol Ila. Beste Voraussetzungen also für einen guten Blend. Aber lassen wir die Kirche im Dorf: So ein Schluck Bell's haut dich nicht aus den Socken. Dieser Whisky ist für die große Masse gemixt worden, ein eigenwilliger Charakter wäre da fehl am Platz. Am ehesten besticht er noch durch seine Mildheit. Man trinkt ihn, hat ein kurzes Alkoholerlebnis, aber dann ist er auch schon wieder verschwunden, der Bell's Original. Ein Quickie für die Geschmacksknospen, der einen ein bisschen ratlos zurücklässt.

Lange Zeit hatte es nicht danach ausgesehen, dass Bell's zu einem weltweit bekannten Markennamen werden würde. Aus religiösen Gründen – und weil er so ein bescheidener Mann war – verbat sich Arthur Bell solche Spielchen. Erst nach seinem Tod, ab 1904, stand sein Name plötzlich groß auf den Flaschen. Ab den 1920ern ging man dazu über, zu besonderen Anlässen aufwendig dekorierte Flaschen in Glockenform anzubieten. Denn genau das bedeutet ja »bell« in der Übersetzung: Glocke. Und 1965 dann, vielleicht hätte ihm wenigstens dies geschmeichelt, wurde sogar eine Rose nach dem Gründervater benannt. Dunkelgelb ist sie, die Floribundarose »Arthur Bell«, ganz ähnlich seinem Whisky.

Geruch sanft, frisch | **Geschmack** weich, freundlich | **Preisklasse** * | **Varianten** glockenförmige Sondereditionen und anderes | www.bells.co.uk

FINE
AGED
BELL'S
BLENDED SCOTCH

15 BenRiach

Single Malt Scotch, 10 Jahre, 43%

Diese Brennerei aus der schottischen Speyside-Region wartet mit einem perfekt durchkonzipierten Portfolio auf. Jenseits der zwölf bis 15 Jahre alten Wood Finishes, einer deutlich getorften Reihe sowie einigen richtig alten Sondereditionen existieren die auf verschiedene Jahrgänge verteilten Flagships. Auch der hier präsentierte 10-Jährige reifte in ehemaligen Bourbon- und Sherryfässern, die ihren Teil zur Veredelung beitrugen. Steckt man seine Nase in ein Glas mit goldbraunem BenRiach, dann taucht sie ein in eine frisch-grüne, gleichwohl alkoholgeschwängerte Welt. Zunge und Gaumen werden mit warmer Eiche imprägniert, die der Whiskygott mit jungen Früchten vermählte. Auch der erste Schluck weckt Erinnerungen an den knorrigen Baum, an Pfirsiche und Bananen. Wie sich – vermeintliche – Gegensätze anziehen, so sorgen sie hier für einen imposanten Abgang: kräftig, lang anhaltend und nach mehr schmeckend.

Während der mythenumrankte Phönix alle paar hundert Jahre aus der Asche steigt, brauchte der BenRiach immerhin 65. 1898 eröffnete John Duff seine Brennerei, um schon 1900 im Rahmen des in Whiskykreisen berühmt-berüchtigten »Pattison Crash« bankrottzugehen. Ganz geschlossen blieb die Brennerei nicht, immerhin mälzte man hier weiterhin die Gerste für die Nachbarn von Longmorn (siehe Nummer 73). Aber erst 1965 wurde in Elgin wieder Maische angerührt, und auch in den folgenden Jahrzehnten drohte der Brennerei immer mal wieder das Aus.

Inzwischen scheint die Zukunft gesichert, aber zeitweise schien ein Fluch auf diesem historischen Städtchen zu lasten. Vielleicht hing er mit jener legendären hier geschlagenen Schlacht vom 14. August 1040 zusammen, in der Schottlands König Duncan I. den Tod fand. Sein Mörder ging dank William Shakespeare in die Weltliteratur ein: Macbeth.

Geruch Sherry, junge Früchte | **Geschmack** Pfirsich, Eiche | **Preisklasse** ** | **Varianten** verschiedene Jahrgänge, Torfvarianten und andere | www.benriachdistillery.co.uk

ESTABLISHED 1898
THE BenRiach
SINGLE MALT
SCOTCH WHISKY
10
YEARS
DISTILLED & BOTTLED IN SCOTLAND
ESTABLISHED 1898
THE BenRiach
FROM THE HEART OF SPEYSIDE
SINGLE MALT
SCOTCH WHISKY
AGED 10 YEARS
CAREFULLY CONTROLLED MALTING, DISTILLING & MATURATION USING AGE OLD METHODS
70cl
DISTILLED & BOTTLED IN SCOTLAND
43%vol

16 Benromach

Single Malt Scotch, 10 Jahre, 43 %

Das Ende des 19. Jahrhunderts war die erste Boomzeit des Whiskys. Zahllose Brennereien schossen aus der Erde. Manche schlossen sehr bald wieder, andere hielten sich dank der Qualität ihres Produkts, dank innovativen Marketings oder aus purem Glück. Die Benromach-Destillerie ist ein typisches Kind dieser Zeit. 1898 gegründet, waren die Schotten hier bereits neun Jahre später wieder dicht – nicht im übertragenen Sinne wohlgemerkt. Immer wieder wechselten die Besitzer, mehrere weitere Stilllegungen folgten, manchmal für mehrere Jahre. 1983 schließlich schien das Schicksal des Benromach besiegelt: Sogar die Brennblasen wurden verkauft, Lagerhallen und Produktionsgebäude standen leer. Erst 15 Jahre später folgte die offizielle Neueröffnung. Und damit diesmal nichts schiefgehe, lud man einen ganz speziellen Paten zur Feier: den Sohn der britischen Königin, Prince Charles.

Der hier vorgestellte zehnjährige Benromach gleicht einem jungen, kräftigen Pferd, das in recht ungestümem Galopp über die Geschmacksfelder jagt. Ein Hauch von Rauch und Mandeln weht dem Verkoster um die Nase, bevor ein herzhaftes, gut gewürztes Dram den Gaumen netzt. Anfängliche Schärfe weicht mit dem zweiten Schluck einer komplexen fruchtigen Süße – kernige Fakten, runde Sache, toller Whisky im besten Alter.

Das alte Städtchen Forres, Stammsitz des Benromach, liegt im schottischen Nordosten und zählt zur Speyside. Spätestens ab dem 12. Jahrhundert befand sich hier eine befestigte Handelsstation. In den letzten Jahrzehnten gewann der Ort mehrere Preise im Rahmen der »Scotland in Bloom«-Wettbewerbe, und auch der heimische Whisky machte vielfach auf sich aufmerksam. Den Höhepunkt bescherte sich die kleine Brennerei jedoch selbst: Der 2006 präsentierte Benromach Organic war der erste als voll ökologisch zertifizierte Single Malt der Welt.

Geruch dezent rauchig, Mandeln | **Geschmack** kräftig, süß | **Preisklasse** ** | **Varianten** 18 Jahre, Organic, Peat Smoke und andere | www.benromach.com

The Classic Speyside Single Malt Scotch Whisky
10
Benromach
SPEYSIDE SINGLE MALT
SCOTCH WHISKY
THE BENROMACH DISTILLERY Co LTD
FORRES, SCOTLAND
FOUNDED IN 1898
70cl 43%vol
10

17 Black Bottle

Blended Scotch, 40 %

Völlig zu Unrecht stehen Blends bei manchen Menschen in schlechtem Ruf. Der Black Bottle widerlegt das Vorurteil im Grunde schon durch seine Ingredienzen. Denn was soll an einer Mixtur aus schottischen Single Malts und einem Schuss Grainwhisky schon falsch sein? Natürlich braucht es zunächst einmal einen guten Blendmaster, und so einer war Gordon Graham aus Aberdeen. Der Sohn eines Schuhmachers hatte 1850 mit seinen beiden Brüdern zunächst einen Teehandel eröffnet. Zugleich jedoch arbeitete Gordon unermüdlich an der idealen Whiskykomposition. Und eines Tages machte es klick. Was er Charles und David da anno 1879 kredenzte, war vom Allerfeinsten.

Die Gebrüder Graham waren nicht nur Whiskyfans, sondern auch findige Vermarkter. Um sich von der Konkurrenz abzuheben, setzten sie von Beginn an auf pechschwarze, undurchsichtige Flaschen – die sie übrigens aus Deutschland bezogen. Die transatlantische Beziehung endete mit Ausbruch des Ersten Weltkriegs. Für die nächsten 100 Jahre griff man auf schnödes grünes Glas zurück. Erst seit 2014 präsentiert sich der Black Bottle wieder in einer »black bottle«. Im selben Jahr relaunchte man auch die Rezeptur des Destillats. Das Ziel: Zurück zu den Wurzeln, der Whisky sollte wieder schmecken wie zu seinen Urzeiten. Eine große Hilfe bei dieser Rückführung war Edelverkoster Gordon Innes Graham, ein Enkel der Graham-Brüder, der bis in die 1960er hinein bei der Brennerei beschäftigt war. Dabei herausgekommen ist ein preiswerter, mild-würziger Whisky mit einem Hauch von Torf für die Nase und einer Prise Pfeffer für den Gaumen. Ganz gemäß dem kleinen Sinnspruch, den die Gründerväter angeblich eigenhändig auf jede einzelne Verpackung schrieben: »If on my theme I rightly think / There are five reasons why I drink: / Good wine – a friend – because I'm dry. / Or lest I should be by and by; / Or any other reason why.«

Geruch tief und reich | **Geschmack** mild-würzig, leicht rauchig | **Preisklasse** * | www.blackbottle.com

PRODUCT OF SCOTLAND
Gordon Graham's
BLACK BOTTLE
BLENDED
SCOTCH WHISKY
Curiously rich & slightly smoky whisky
crafted to a secret family recipe
GORDON GRAHAM & Co LTD SCOTLAND

18 Bowmore

Single Malt Scotch, 12 Jahre, 40 %

Über dem kleinen Ort Bowmore thront die Kilarrow Parish Church. Das 1770 fertiggestellte Bauwerk ist von auffälliger Form, nämlich rund. Die Idee dahinter leuchtet sofort ein: So kann sich der Beelzebub in keiner Ecke verstecken. Ebenfalls rund sind die Flaschen von Bowmore, und Teuflisches findet sich auch in ihnen nicht. Stattdessen ein Whisky, der seine Herkunft schon beim Nosing verrät. Denn Bowmore liegt auf Islay, und das bedeutet: Hier haben wir es mit einem markant getorften Destillat zu tun.

Die »Queen« der Hebriden wird Islay genannt. Auf jeden Fall ist es die Whisky-Queen der schottischen Inselwelt, schließlich produzieren hier neben Bowmore auch nicht minder begabte Kollegen wie Lagavulin, Ardbeg und Laphroaig (siehe Nummer 5 und Nummer 70). In der zweiten Hälfte des 18. Jahrhunderts gegründet, gehört Bowmore zu den ältesten schottischen Brennereien überhaupt. Hier im Hauptort des Eilands mälzt man sogar einen Teil der Gerste noch selbst, ein weithin ausgestorbener Brauch. Das torfige Aroma des Bowmore ist allerdings nicht so ausgeprägt wie bei den oben genannten Nachbarn. Hier setzt man eher auf breite Zugänglichkeit, was dem Whisky zuweilen die Kritik einbringt, sein Charakter sei ein wenig schwammig.

Weil die Quelle der Destillerie mitten im Moor liegt, trägt vielleicht schon das Wasser zur dezenten Torfnote des Endprodukts bei. Dass man es hier mit einem Küstenwhisky zu tun hat, bestätigt ein Besuch in der Brennerei: Mit jeder Flut klettert das Salzwasser in die Lagerhallen. Manche Taster glauben deshalb, den Seetang aus dem Whisky herausschmecken zu können – ein Glückskind, wem solche Geschmacksknospen gegeben sind. Zu guter Letzt gibt die Bowmore-Brennerei auch ein schönes Beispiel für die viel zitierte schottische Sparsamkeit. Wird doch die Abwärme der Destillerie zum Beheizen des benachbarten Schwimmbads genutzt.

Geruch rauchig, torfig, Honiganteile | **Geschmack** Rauch, Bitterschokolade | **Preisklasse** ** | **Varianten** 15, 18 Jahre und andere | www.bowmore.com

ESTD 1779
BOWMORE
ISLAY
SINGLE MALT
SCOTCH WHISKY
AGED 12 YEARS
700 ml e
DISTILLED AND BOTTLED IN SCOTLAND
Alc. 40% Vol.
ESTD 1779

19 Bruichladdich

Single Malt Scotch, 50 %

Am Anfang war die Whiskybrennerei. Jedenfalls gilt das für den kleinen Ort Bruichladdich (sprich: Brook-Laddie, Bedeutung: »steinige Bucht«) auf der Hebrideninsel Islay. 1881 errichteten die Brüder William, John und Robert Harvey hier ihre Destillerie, und um sie herum wuchs in der Folgezeit das Dorf heran. Als Baumaterial nutzte man die Steine vom Meeresufer. Und selbstverständlich verfügte man hier seit der Pionierzeit auch über einen eigenen Hafen, über den die Gerste in die Produktion geliefert wurde.

Öffnet man die minzgrüne Flasche, steigt der Bruichladdich zunächst recht sanft in die Nase. Wie ein Gast, der höflich anklopft und von dem man schon beim Eintritt weiß, dass er ein hervorragender Tischgeselle sein wird. Sprich: charmant, witzig, nie langweilig. Mit fruchtigem Timbre hebt er an zu singen, befeuert von 50 Volumenprozenten. Es schadet nichts, diesen Entertainer mit einem Schüsschen Wasser ein wenig zu zügeln. Denn derart gedimmt, läuft er sogar – findet jedenfalls der Autor dieser Zeilen – erst zu richtiger Form auf.

Mit einem Schluck Bruichladdich schöpft man aus einem prall gefüllten Korb fachmännisch aufbereiteter Früchte – seien sie vom Baum oder aus dem Meer. Da glaubt man, in einen karamellisierten Apfel zu beißen, um schon im nächsten Moment an eine im seichten Uferwasser sich wiegende Alge zu denken. Kräftige Getreidesüße und trockenes Meersalz gehen hier eine fruchtbare Ehe ein, die edle Faune zeugt.

Ganz Islay-untypisch kommt der Bruichladdich völlig ohne Torfeinfluss daher. Ein anderer Whisky der Brennerei, der Octomore, gilt hingegen als torfigster Whisky der Welt. Sein Phenolgehalt ist rund viermal so hoch wie der von Kollegen wie Laphroaig oder Ardbeg (siehe Nummer 70 und Nummer 5). Wer also gern einmal flüssigen Räucherschinken probieren möchte …

Geruch sanft, fruchtig-blumig | **Geschmack** Meeresaromen, Karamell, Eiche | **Preisklasse** ** – *** | **Varianten** Port Charlotte (stark torfig), Octomore (sehr stark getorft) | www.bruichladdich.com

PROGRESSIVE HEBRIDEAN
DISTILLERS
BRUICHLADDICH
THE
CLASSIC
LADDIE
SCOTTISH BARLEY
UNPEATED
ISLAY SINGLE MALT
SCOTCH WHISKY
IT IS OUR MISSION TO PURSUE THE ULTIMATE PEDIGREE, PROVENANCE AND TRACEABILITY OF OUR RAW MATERIALS - CHIEF OF WHICH IS OUR BARLEY - AND TO PUSH THE BOUNDARIES OF THE CONCEPT OF TERROIR IN ARTISANAL SINGLE MALT WHISKY.
DISTILLED, MATURED AND BOTTLED, UN-CHILL FILTERED AND COLOURING-FREE, AT BRUICHLADDICH DISTILLERY, ISLE OF ISLAY, SCOTLAND. PRODUCT OF SCOTLAND.
700 ml e
50% vol

20 Bunnahabhain

Single Malt Scotch, 12 Jahre, 46,3 %

Die ungekühlte Filtrierung (»non-chill-filtering«) ist ein Kniff, um den Whisky urtümlicher, echter und reiner wirken zu lassen. Ohne die Senkung der Temperatur auf rund null Grad verbleiben verschiedene Trübstoffe im Destillat, es werden jedoch zugleich auch einige Geschmacksträger gerettet, die ansonsten über den Jordan gingen. Eintrübungen entstehen bei diesem Verfahren durch die Verdünnung auf die üblichen 40 %. Deshalb sind ungekühlfilterte Whiskys wie der Bunnahabhain stets etwas stärker. Das seltsame Wort bedeutet so viel wie »Flussmündung«. Hier im Nordosten der Insel Islay fließt der Margadale River in die Bunnahabhain Bay. Das Dörfchen Bunnahabhain entstand mit der Brennerei-Gründung 1881, als Wohnstätten für die Mitarbeiter bereitgestellt wurden. Bis heute entnimmt die Destillerie ihr Wasser der reinen, unterirdischen Quelle des Flusses, um es per Pipeline in die Produktion einzuspeisen. Das nahe Port Askaig ist einer der beiden Hafenorte der Insel, von hier aus geht es nach Jura und Richtung Festland. Andersherum betrachtet: Das erste größere Gebäude, das die heimkehrenden Seemänner alter Zeiten sahen, war die Whiskybrennerei von Bunnahabhain. Ihre Vorfreude auf den Landgang dürfte dies kaum getrübt haben.

Bunnahabhain gehört zu den milderen Islay-Whiskys. Das heißt vor allem: Der Torfanteil, Markenzeichen des Eilands, hält sich in gewissen Grenzen. Dennoch umspielt auch hier eine feine Rauchnote die Nase des Tasters. Mit dem ersten Schluck dann geht sie verloren zugunsten anderer Aromen. An Walnüsse mag der eine denken, auch Karamell und Rosinen mögen mit im Spiel sein. Eine tiefe, reichhaltige Süße dominiert das große Geschmacksorchester, das dieser exzellente Whisky auf die Bühne bringt. Interessanterweise taucht dann im Abgang auch wieder der Torfrauch aus den Wellen auf, die ihn zuvor überschäumt hatten.

Geruch leicht rauchig, aromatisch | **Geschmack** süß, nussig, reich | **Preisklasse** ** | **Varianten** 18, 25 Jahre und andere | www.bunnahabhain.com

XII
AGED
12
YEARS
Bunnahabhain
ISLAY SINGLE MALT SCOTCH WHISKY
XII
NATURAL COLOUR UN-CHILLFILTERED
DISTILLED, MATURED & BOTTLED IN SCOTLAND
The Bunnahabhain Distillery Company
Bunnahabhain, Isle of Islay, Scotland.
70cl ℮
PRODUCT OF SCOTLAND
46.3%vol

21 Bushmills

Irischer Single Malt, 10 Jahre, 40 %

Als König Jakob I. 1608 die Erlaubnis erteilte, im nordirischen County Antrim Lebenswasser zu brennen, war man auch in Bushmills dabei. Mit anderen Worten: Diese Destille blickt auf eine über 400-jährige Tradition zurück und gehört damit zu den ältesten der Welt. Natürlich gab es während der vier Jahrhunderte die üblichen Probleme: temporäre Produktionsverbote, die durch Schwarzbrennerei umgangen wurden, später der Einbruch des amerikanischen Marktes durch die Prohibition. Aber in Bushmills gab man nie auf.

1976 veröffentlichte Tom Waits seinen »Tom Traubert's Blues«. An den Song erinnert man sich vor allem, weil er die australische Folkhymne »Waltzing Matilda« einbezieht. Der Blues bringt zumeist recht traurige Lieder hervor. Und so geht es auch im »Tom Traubert's« nicht um die große Erfüllung, sondern um das einsame Trinken und Torkeln eines Mannes in einer ihm fremden Stadt. In der dritten Strophe erklärt der Sänger, womit er sich seinen Rausch antrank: »Old Bushmills I staggered, you'd bury the dagger / In your silhouette window light / To go waltzing Matilda, waltzing Matilda, / you'll go waltzing Matilda with me.«

Wer sich dem Bushmills einmal selbst hingibt, dem wird sofort der milde, angenehme Geruch auffallen. Oft sind es ja die zärtlichen, gänzlich unaufgeregten Momente, die uns den Blues bescheren. Wie der Wind übers irische Gras weht, so streicht der Bushmills über die Zunge. Seine Stärke wirkt vom Nosing bis zum Abgang völlig gleichbleibend – eine Ausgewogenheit, die man bei einem hochprozentigen Schnaps selten findet. Dennoch hinterlässt dieser Single Malt einen tiefen Eindruck. Bushmills bringt dich runter – nicht unbedingt auf die Knie wie bei Tom Waits. Aber er dimmt dich auf ein tieferes Level, dorthin, wo die Melancholie wohnt. Es gibt schlechtere Beruhigungsspritzen.

Geruch mild, einladend | **Geschmack** mild und doch kräftig, leicht süßlich | **Preisklasse** *–** | **Varianten** Bushmills Original, Black Bush (populäre Blends) | www.bushmills.com

BUSHMILLS
SINGLE MALT
IRELAND'S OLDEST WHISKEY DISTILLERY
16 08
ORIGINAL GRANT TO DISTIL
BUSHMILLS
SINGLE MALT
IRISH WHISKEY
Triple Distilled
AGED 10 YEARS
MATURED IN TWO WOODS
The "Old Bushmills" Distillery Co
BUSHMILLS, Co ANTRIM
40% Vol
PRODUCT OF IRELAND
70cl ℮
1608

22 Cadenhead's

Blended Scotch, 12 Jahre, 46 %

William Cadenhead war über seinen Schwager George Duncan ins Wein- und Whiskybusiness gelangt. Zuvor hatte Cadenhead international mit Stoffen gehandelt, vor allem mit Garn. 1853 eingestiegen, übernahm er die Firma nach Duncans frühem Tod fünf Jahre später. Fortan hieß sie nun Cadenhead's, und Schottlands ältester unabhängiger Abfüller firmiert bis heute unter diesem Namen.

Cadenhead galt zeitlebens als ebenso engagierter wie angesehener Bürger seiner Heimatstadt Aberdeen. Ein gewisses Renommee hatte er sich auch als Schriftsteller erarbeitet. Nicht wenige seiner Gedichte haben – wen wundert's – Bier und Whisky zum Thema. Kongenial agierte ab Williams Tod 1904 sein Neffe Robert W. Duthie an der Firmenspitze. Unter seiner Regie erarbeitete sich Cadenhead's den Ruf eines führenden Whiskyabfüllers und -blenders, nicht zuletzt dank intensiver und innovativer Marketingmethoden. Der Schriftzug aus Aberdeen prangte auf Eintrittskarten wie auf Bussen, sogar Bühnenvorhänge wurden zu Werbeträgern. Duthie starb 1931, er wurde auf dem Weg zur Bank von einer Straßenbahn überfahren. Nach langen Jahren auf Schlingerkurs gelangte Cadenhead's schließlich 1972 in den sicheren Hafen von Campbeltown. Neuer Eigner wurde J. & A. Mitchell and Co., Besitzer der traditionsreichen Springbank-Brennerei (siehe Nummer 93).

Heutzutage handelt Cadenhead's vor allem mit edlen Einzelfassabfüllungen verschiedenster Destillerien. Während die Stückzahlen solcher Flaschen notwendigerweise begrenzt sind, steht unter anderem der 12-jährige Blend dauerhaft im Sortiment. Das leichte Raucharoma geht mit Sherrynoten einher. Marzipan und dunkle Schokolade gesellen sich hinzu, während über die Zunge ein Hauch von noch warmer Asche zieht. Was immer hier miteinander vermählt wurde: Da ist kein Whisky zu wenig und keiner zu viel in diesem Blend – eine süffige Sache.

Geruch leicht rauchig, trockene Eiche | **Geschmack** Marzipan, Schokolade | **Preisklasse** ** | **Varianten** großes Sortiment unabhängiger Abfüllungen | www.cadenheads.de

Wm. Cadenhead
WILLIAM
CADENHEAD
BLENDED SCOTCH WHISKY
Aged 12 Years
PRODUCT OF SCOTLAND
MATURED IN OAK CASKS
70cl
46%vol
BLENDED AND BOTTLED BY
WM. CADENHEAD . CAMPBELTOWN . SCOTLAND

23_Cardhu

Single Malt Scotch, 12 Jahre, 40 %

Die Geschichte des Cardhu ist eine der unternehmerischen Frauenpower. Zunächst war da Helen, Gattin des Landwirts John Cumming. Wegen der hohen Besteuerung von Alkohol zogen die beiden es vor, ihren ab 1811 fabrizierten Whisky schwarz zu vertreiben. Gebrannt wurde zunächst ausschließlich saisonal, sprich: An die Stills ging es erst, wenn die Ernte unter Dach und Fach war.

Besonders Helen tat sich bei der Vermarktung hervor, indem sie ihren Haustropfen direkt aus dem Küchenfenster vertickte. Waren ihr mal wieder die Steuereintreiber auf der Spur, tarnte sie die Maische- als Brotteigbottiche und hielt ihre Kundschaft mit einer roten Fahne vom Haus fern. Auch Helens Tochter zeigte Geschäftssinn. Die seit 1824 legalisierte Brennerei wurde unter ihrer Regie generalüberholt und deutlich erweitert. Die altgedienten Brennblasen gingen an William Grant, der damit 1886 seine Glenfiddich-Destille auf den Weg brachte (siehe Nummer 47). Die Cummings blieben bis 1893 am Ruder, als die Brennerei an John Walker & Sons veräußert wurde. Die Besitzverhältnisse wechselten danach noch mehrmals, aber die Bindung an den Marktführer der Scotch Whiskys blieb bestehen. Der Cardhu bildet seitdem einen wesentlichen Bestandteil des Johnnie-Walker-Blends.

Schon unter den Cummings genoss dieser Speyside-Whisky einen exzellenten Ruf, und daran hat sich bis heute nichts geändert. Das gälische Wort Cardhu bedeutet so viel wie »schwarzer Fels«, aber dieser Whisky ähnelt eher einer goldbraunen Elfe. Er schmeckt süß, beinahe lieblich, jedenfalls unbedingt sympathisch. Die Cowboys unter den Whiskyliebhabern werden ihn eher links liegen lassen, die gelasseneren Vertreter jedoch begeistert sein. Cardhu trinkt man am besten vorm Feuer, und er begleitet eher den ausgesuchten Lyrikband als den Hard-Boiled-Krimi. Aber sollten wir nicht alle mal wieder ein paar Gedichte lesen?

Geruch süß, Karamell | **Geschmack** zutraulich, leicht nussig | **Preisklasse** ** | **Varianten** verschiedene Jahrgänge, Special Cask Reserve und andere | www.discovering-distilleries.com/cardhu

CARDHU DISTILLERY
MORAYSHIRE SCOTLAND
THE CUMMINGS OF CARDHU
DISTILLERS OF DISTINCTION
1824
CARDHU
SINGLE MALT
SCOTCH WHISKY
12
YEARS OLD
DISTILLED AND BOTTLED IN SCOTLAND
40%vol 70cl e

24 _ Chivas Regal

Blended Scotch, 12 Jahre, 40 %

Mit Chivas Regal wird viel Geld gemacht. Über 40 Millionen Liter Ausstoß pro Jahr sprechen für sich. Und weil gut die Hälfte davon ins Wirtschaftswunderland China wandert, dürfte das Ende der Fahnenstange noch nicht erreicht sein. Aber der Chivas ist mehr als ein Kapital akkumulierendes Produkt. Er ist Kult! Gonzo-Journalist Hunter S. Thompson startete seinen Tag mit einem Chivas, der begnadet-melancholische Songwriter Lee Hazlewood trank ihn genauso hinter der Bühne wie das Rat Pack um Frank Sinatra, Dean Martin und Sammy Davis Jr. – wenn gerade kein Jack Daniel's zur Hand war. Wie der amerikanische Bourbon, so schmeichelt auch der schottische Blend der Nase, der Zunge, dem Gaumen und dem Rachen gleichermaßen. Kein Wunder, landen doch in einem Chivas ausgesuchte Ingredienzen wie der Strathisla Single Malt. In dessen Brennerei im nordostschottischen Keith wird er inzwischen auch produziert (siehe Nummer 95).

Die Chivas-Brüder John und James wuchsen auf einer abgelegenen Farm auf. 1801 eröffneten sie im nahen Aberdeen zunächst einen Lebensmittel- und Feinkostladen. Darüber hinaus wurden dort auch Spirituosen verkauft, aber der erste eigene Blend enterte erst 1860 das Portfolio. Als man sich schließlich 1909 daranmachte, den US-amerikanischen Markt zu erobern, kreierte man dafür einen nagelneuen Mix: Chivas Regal.

Wie »royal« steht auch »regal« für »königlich«, und genau da liegt der Erfolgshase im Pfeffer. Schon seit 1843 hatten die Chivas-Brüder zu den Hoflieferanten des britischen Königshauses gehört. Die regelmäßigen Sendungen von Luxusgütern gen Balmoral Castle ließen die Kassen klingeln und mehrten die Meriten. Viele Jahre später, anlässlich der Krönung von Elizabeth II. am 2. Juni 1953, setzte man einen auf 21 Jahre ausgelegten Chivas an. 21? Ja, exakt. Denn genau so viele Kanonenschüsse wurden anlässlich der Inthronisierung abgefeuert.

Geruch locker-fruchtig | **Geschmack** leicht, süßlich | **Preisklasse** *–** | **Varianten** 18, 21, 25 Jahre | www.chivas.com

ABLISHED 1801 ABERD
PRINCE OF WHISKIES
CHIVAS REGAL
AGED 12 YEARS
BLENDED SCOTCH WHISKY
PRODUCE OF SCOTLAND
700ml 70cl e 40%alc./vol. 40%vol 40°GL

25 _ Coillmór

Deutscher Single Malt, 8 Jahre, 46 %

Die Brennerei Liebl geht zurück auf einen Wein- und Spirituosenhandel der Nachkriegszeit. Damals kaufte man »offene Ware« ein, um sie dann abzufüllen und unter eigenem Namen auf den Markt zu bringen. Selbst destilliert wird in Bad Kötzting in der bayrischen Oberpfalz seit 1970. Standesgemäß begann man damals mit Bärwurz, dem auf dem gleichnamigen bayrischen Wunderheilkraut basierenden Kräuterschnaps. Während dieser jedoch vor allem als Digestif nach dem Essen konsumiert wird, kann man Whisky durchaus auch vor der Schweinshaxe und den Knödeln zu sich nehmen. Also machte man sich ab 2006 an die Produktion des legendären Schottentrunks und präsentierte bereits drei Jahre später das erste Ergebnis: einen bajuwarischen Single Malt.

Whisky aus dem Hause Liebl basiert auf bayrischer Sommergerste und dem Quellwasser des Kaitersberges, dem Hausberg von Bad Kötzting. Aus den zahlreichen Fassvarianten der Brennerei wurde hier ein Coillmór ausgewählt, der die letzten drei seiner acht Jahre in einem Portweinfass reifen durfte. Unfiltriert und ungefärbt gelangt er sodann in die Flaschen. Der tiefgoldene, fast bronzefarbene Whisky steigt mit feinen Rauchnoten in die Nase, die auf das beim Mälzen verwendete Buchenholz zurückzuführen sind. Portwein und eine Prise Pfeffer sind ebenfalls unverkennbar, bevor der Brand weich und ölig über die Zunge gleitet. Die 46 Volumenprozent bringen sich dezent zur Geltung und befeuern einen anregenden Mix aus satter Eiche und exotisch anmutenden Früchten.

Wie so viele nicht-schottische Whiskyhersteller versuchen sich auch die Liebls an den großen Vorbildern von der Insel zu orientieren. Der ganz und gar nicht bayrisch anmutende Name Coillmór schlägt jedoch zugleich eine Brücke zurück in die Heimat. Denn wie Bad Kötzting inmitten des Bayrischen Waldes liegt, so bedeutet die gälische Komposition Coillmór nichts anderes als »großer Wald«.

Geruch leicht rauchig, kräftig | **Geschmack** Eiche, bunt-fruchtig | **Preisklasse** **–*** | **Varianten** Peated, verschiedene Fassabfüllungen | www.brennerei-liebl.de

COILLMÓR
BAVARIAN
SINGLE MALT WHISKY
SINGLE CASK
Limitierte Edition
BAYERISCHES SPITZENPRODUKT
SEIT 2006
PORT CASK 8 JAHRE

26 Connemara

Irischer Single Malt, 40 %

Der Connemara bricht in gleich zweifacher Hinsicht mit der Tradition irischer Whiskeyherstellung. Zum einem wird sein Malz überm Torffeuer gedarrt. Die dadurch entstehende rauchige Note rückt ihn in die Nähe der schottischen Islay-Brände. Zum zweiten durchläuft dieser Malt lediglich zwei Destillationsgänge. Auch dieses Verfahren ist vor allem in Schottland üblich, während die irischen Brennmeister noch wie in alten Zeiten einen dritten Gang anschließen. Weil der Alkohol mit jedem Mal reiner wird, also andere Stoffe (vor allem Öle) hinter sich lässt, haben dreifach gebrannte Whiskeys normalerweise einen etwas leichteren Charakter. Auf die Qualität hat das allerdings keinerlei Einfluss, zumal sich danach die für den Geschmack so bedeutende Fasslagerung anschließt.

Der seltsame irische Torfwhiskey begegnet seinen schottischen Kollegen durchaus auf Augenhöhe. Mit dem Öffnen der bauchigen Flasche sinkt man in eine weiche grüne Heidelandschaft. Ohne im Geringsten penetrant zu wirken, legt sich der Torfrauch wie eine seidige Decke über die Szenerie. Aromatische Kräuter und eine Prise Pfeffer erweitern das Panorama. Und auch wenn der letzte Schluck längst in der Kehle versunken ist, glimmt das Torffeuerchen noch munter weiter.

Connemara gehört zur Provinz Connacht – »to Hell or Connacht« hieß es einst in Anspielung auf die Armut der Region im Westen der Grünen Insel. Heute hingegen sieht man zuvörderst ihre touristischen Reize, die von romantischen Küstenstreifen über Moorgebiete bis zu vorzeitlichen Dolmen und Menhiren reichen. Der gleichnamige Whiskey hingegen stammt aus dem County Louth im Osten der Insel. Ob man von hier aus in die Hölle oder den wilden Westen geht, macht heute durchaus einen Unterschied. Denn wer garantiert dem Emigranten, dass es im Hades Whiskey gibt?

Geruch Torf, Rauch | **Geschmack** rauchzart, würzig | **Preisklasse** *–** | **Varianten** Kilbeggan (Blend, siehe Nummer 65) | www.kilbeggandistillingcompany.com

Connemara
Connemara
PEATED SINGLE MALT
IRISH WHISKEY
ORIGINAL
Distilled, Matured and
Bottled in Ireland
KILBEGGAN CO
DISTILLING

27 Craigellachie

Single Malt Scotch, 13 Jahre, 46 %

Rund um den Weiler Craigellachie kommen Whiskytouristen auf ihre Kosten. Neben der nach dem Dorf benannten Brennerei findet man auf kürzestem Weg auch zu den Anlagen von Macallan, Aberlour, Glenfiddich und Glenlivet. Der für kontinentaleuropäische Zungen gefährliche Name (ungefähr ausgesprochen: kreigälledchi) meint so viel wie »Bergeshügel« und bezieht sich auf einen steinigen Abhang am Ufer des Spey, nahe der Macallan-Destillerie (siehe Nummer 74). Die 1891 eröffnete Brennerei gehörte zunächst einer Gruppe von Kaufleuten und Whisky-Blendern, die sich als Craigellachie Distillery Co. Limited zusammengeschlossen hatten. Wie damals fließt heutzutage der Craigellachie zu großen Teilen in die Hochzeitsfässer von Whisky-Blendern, um dort sein feines Aroma einzubringen. Seit einigen Jahren jedoch bekommt man diesen Speyside-Tropfen auch als singuläre Abfüllung – immerhin zwei Prozent der gesamten Produktion landen in reinen Craigellachie-Flaschen. Der hier präsentierte 13-Jährige macht trotz seines fortgeschrittenen Alters einen jugendlichen Eindruck. Mandarinen und Orangen schaukeln im Wind, rund und saftig. Ihre Süße legt sich schmeichelnd über den Gaumen, aber direkt im Anschluss geben sich weitere Verbündete zu erkennen. Die Eiche der Lagerfässer hat einige Arbeit geleistet und unter anderem ein paar Bitterstoffe mit auf die Reise geschickt. Zusammen mit dem lieblichen Malz der verwendeten Gerste entwickelt sich peu à peu ein fein komponierter, vollmundiger Whisky, dem man noch viele weitere Jahrgänge wünscht.

Noch um einiges berühmter als die Destillerie ist das 1893 errichtete, idyllisch gelegene Craigellachie Hotel (www.craigellachiehotel.co.uk). An der integrierten Quaich Bar jedoch kommen sie zusammen, die Brennerei und das Gasthaus. Denn hier, in »the world's leading whisky bar«, schmücken über 900 verschiedene Whiskys die Wände – schöner als jede Tapete.

Geruch Zitrusfrüchte | **Geschmack** malzig, bittersüß | **Preisklasse** ** | **Varianten** verschiedene Jahrgänge | www.craigellachie.com

OLD FASHIONED IN 1891
EDWARD & MACKIE
FOUNDERS
CRAIGELLACHIE
SPEYSIDE
SINGLE MALT SCOTCH WHISKY
OUR DISTILLERY
BUILT ON A ROCKY BLUFF SITUATED ABOVE
THE CONFLUENCE OF THE RIVER FIDDICH
AND
THE RIVER SPEY
CRAIGELLACHIE LIES IN THE HEART OF SPEYSIDE
13
AGED YEARS
FOUNDERS
DISTILLED AND BOTTLED IN SCOTLAND BY
THE CRAIGELLACHIE DISTILLERY COMPANY
700ml / 70cl e
AGED 13 YEARS
CRAIGELLACHIE
Nº: 83-LH88
OLD FASHIONED IN 1891
EDWARD & MACKIE
FOUNDERS
CRAIGELLACHIE
SPEYSIDE
SINGLE MALT SCOTCH WHISKY
OUR DISTILLERY
BUILT ON A ROCKY BLUFF SITUATED ABOVE
THE CONFLUENCE OF THE RIVER FIDDICH
AND
THE RIVER SPEY
CRAIGELLACHIE LIES IN THE HEART OF SPEYSIDE
13
AGED YEARS
THE CRAIGELLACHIE DISTILLERY COMPANY
700ml / 70cl e

28 Cutty Sark

Blended Scotch, 40 %

»The original easy-drinking scotch« ist eine Eigenwerbung, die zweifelhaft wirkt. Auch scheint der Name des Drinks dem Slogan diametral zu widersprechen. Die Cutty Sark ist ein 1869 getaufter Dreimaster und galt als eines der schnellsten Segelschiffe seiner Ära. Ihr Name leitet sich von einem wunderbaren Robert-Burns-Gedicht namens »Tam o' Shanter« her. Der schottische Nationaldichter beherrschte den Dialekt der Lowland Scots, in dem Cutty Sark ein kurzes Unterhemd meint, das im Poem die hübsche Hexe Nannie trägt. Völlig passend wiederum dreht sich »Tam o' Shanter« um allerlei krude Gestalten und ihr Trinkverhalten.

Die bunte Historie mag ein Grund für zahlreiche weitere Autoren gewesen sein, Cutty Sark in ihre Storys einzubauen, darunter Graham Greene (»Der menschliche Faktor«), Haruki Murakami (»Mister Aufziehvogel«) und Charles Bukowski (»Das Liebesleben der Hyäne«). Vielleicht liegt es auch schlicht daran, dass es sich um einen durchweg anständigen Tropfen handelt. Hell und leicht wie Elfentränchen fließt er ins Glas und verbreitet ein ansprechendes Bukett. Dieses »Hemdchen« mag im frischen Heu gelegen und seinen Geruch eingefangen haben. Trockenblumen kamen ebenso in Kontakt mit dem Stoff wie geheimnisvolle Waldkräuter. Für einen Moment ist man behext von dieser Nannie, aber ebenso plötzlich, wie sie auftaucht, ist sie dann auch wieder verschwunden.

Angemixt wird der Blend in Glasgow, unfern des letzten Ankerplatzes des heutigen Museumsschiffs Cutty Sark. Erstmals ausgeschenkt wurde er 1923, und seit 1955 prangt die Zeichnung des hübschen Windjammers auf der dunkelgrünen Flasche. »With ale, we fear no evil; / With whisky, we'll face the Devil!«, heißt es in Burns' Gedicht. Das ist weise gesprochen. Aber mit der Cutty Sark segelt man gern ein Weilchen dem Orkus entgegen.

Geruch fruchtig frisch | **Geschmack** schwebend, malzig | **Preisklasse** * | **Varianten** Storm (aus alten Single Malts geblendet), Prohibition Edition und andere | www.cutty-sark.com

SINCE 1923
CUTTY SARK
BLENDED
SCOTCH WHISKY
THE SPIRIT OF ADVENTURE LIVES IN US ALL.
IT IS THE COURAGE OF OUR CONVICTIONS, THE MARK
OF TRUE CHARACTER AND THE DESIRE TO BE DIFFERENT.
IT IS THE ORIGINAL EASY-DRINKING SCOTCH.
Distilled, Blended & Bottled in
SCOTLAND
40%vol 70cl ℮

29_Dalmore

Single Malt Scotch, 15 Jahre, 40%

Richard Paterson ist einer der bekanntesten Blendmaster der Welt. Seinen Meister machte er bereits mit 26, und im zarten Alter von acht Jahren soll sein Vater ihm das erste Dram verabreicht haben. »The Nose«, wie Paterson genannt wird, hat allerdings einen Tick: Mundet ihm einer seiner angesetzten Cocktails nicht wirklich, schüttet er ihn auf der Stelle – und das ist wörtlich zu nehmen – aus. Der TV-bekannte langhaarige Teppich zu seinen Füßen gilt deshalb inzwischen als der teuerste Flokati der Welt.

Dalmore, ein Whisky aus den nördlichen Highlands, soll Patersons liebste Blendmarke gewesen sein. Dabei ist dieses Stöffchen eigentlich nicht nur zu schade zum Verschütten, sondern auch zum Mixen. Nicht umsonst wurde 2002 ein damals 62-jähriger Dalmore als seinerzeit teuerste Flasche der Welt versteigert: für 25.877 Pfund Stirling. Der in satten braunroten Tönen schimmernde Whisky entlässt ein trockenes, von Zitrusfrüchten gesättigtes Aroma aus dem Glas. Spätestens im Mund kommen dann auch die Sherrytöne der Lagerfässer zum Tragen, die den Dalmore zu einem komplexen Geschmackserlebnis machen.

Um viele alte Whiskymarken rankt sich eine knorrige Legende, so auch um den Dalmore. Man schrieb das Jahr 1263, als Colin of Kintail, der Chef des Mackenzie-Clans, König Alexander III. von Schottland vor einem heranstürmenden Hirschbock rettete. Der Regent beschenkte ihn zum Dank mit einem guten Stück Land und dem Recht, den royalen Zwölfender fortan als Wappentier des Clans zu führen. 1839 dann ging die Dalmore-Destillerie an den Start. Zunächst geführt von dem Unternehmer Alexander Matheson, übernahmen 1867 die Brüder Charles, Andrew und Alexander Mackenzie die Brennerei. Über ein neues Markenzeichen mussten sie nicht lange diskutieren. Als Nachkommen des Mackenzie-Clans verpassten sie ihren sämtlichen Flaschen das historische Geweih. Und so ist das bis heute.

Geruch Zitrusfrüchte, Gewürze | **Geschmack** Orangen, Sherry, Vanille | **Preisklasse** *** | **Varianten** 12, 18 Jahre | www.thedalmore.com

THE
DALMORE
70cl e 40% vol.
THE
DALMORE
AGED 15 YEARS
HIGHLAND SINGLE MALT SCOTCH WHISKY

30_Dalwhinnie

Single Malt Scotch, 15 Jahre, 43 %

Ein Hauch von Heidekraut und Honig zeichnet diesen Whisky aus den schottischen Highlands aus. Auch Torf ist mit im Spiel, hält sich jedoch zugunsten mild-fruchtiger Noten zurück. Der Dalwhinnie präsentiert sich zugänglich und freundlich, ohne aufdringlich zu wirken. Wagt man ein Spielchen mit ihm, erweist er sich als feiner Techniker mit einem enormen Repertoire an Tricks. Dalwhinnie nennt man im Gälischen einen Ort, an dem sich Viehtreiber treffen. Der Weiler dieses Namens südwestlich von Inverness besitzt seit 1863 seinen eigenen Bahnhof, an dem man traditionell die Schafe der Region zusammentrieb. Ganz nebenher gilt Dalwhinnie als »kältester bewohnter Ort Schottlands«, eine Auszeichnung, auf die man wohl nur dortzulande stolz sein kann. Andererseits garantiert das Hochlandklima auch die Einzigartigkeit des Destillats. Dieser Spirit reift eben nicht in Meernähe und nimmt keine entsprechenden Aromen auf. Stattdessen interagieren die Ex-Bourbon- und -Sherryfässer mit großen Temperaturschwankungen zwischen Eiseskälte und (schottischem) Sommer.

Die Geschichte dieses Whiskys beginnt 1897. Er blickt auf zahlreiche Besitzerwechsel zurück. Heutzutage gehört man wie so viele andere Brennereien zum Riesenkonzern Diagco. Lange jedoch arbeitete man hier nicht nur wirtschaftlich selbstständig, sondern bezog und produzierte auch seine Ressourcen autark. Das Wasser liefert der 600 Meter hoch gelegene Lochan an Doire Uaine (gälisch für »See mit dem grünen Gebüsch«) in den Drumochter Hills, die Gerste wurde bis 1968 auf der eigenen Darre gemälzt. Und bis 1969 verfügte die Destillerie sogar über ihren eigenen Gleisanschluss, bevor British Rail ihn stilllegte.

In Whiskyforen wird gern diskutiert, was das ideale »everyday dram«, der Whisky für jede Gelegenheit, sei. Dalwhinnie gilt dabei, ganz zu Recht, als einer der Favoriten.

Geruch Heidekraut | **Geschmack** Frucht, Karamelltöne | **Preisklasse** ** | **Varianten** Destillers Edition (finale Lagerung in Olorosofässern) | www.discovering-distilleries.com/dalwhinnie

Dalwhinnie
PRODUCT OF SCOTLAND
DALWHINNIE EST[D]
DISTILLERY 1898
FROM THE HIGHEST DISTILLERY IN SCOTLAND, SET IN THE WINDSWEPT GRAMPIAN MOUNTAINS WITH THEIR
UNLIMITED SUPPLY OF FRESH SPRING WATER, COMES THIS DELIGHTFULLY GENTLE DELICATELY SMOKY MALT
Dalwhinnie
HIGHLAND SINGLE MALT
SCOTCH WHISKY
FIFTEEN 15 YEARS OLD
BOTTLED IN SCOTLAND
43% vol
70cl e

31 Deanston

Single Malt Scotch, 12 Jahre, 46,3 %

In Deanston frönt man der branchenüblichen Selbstbeweihräucherung: Wir stecken unsere ganze Leidenschaft in diesen aus reiner Handarbeit geschaffenen Whisky. Wir nutzen ausschließlich unsere reichen einheimischen Ressourcen, mehr »down to earth« als wir kann man gar nicht sein. In diesem Fall jedoch ist das Eigenlob nicht ganz falsch: Dieser Highland-Whisky wird weder gefärbt noch kühlgefiltert, die Mitarbeiter kommen ohne Computer aus und produzieren in geschichtsträchtigen Gebäuden.

Ursprünglich wurde die Kraft des River Teith vor allem von einer 1785 etablierten Baumwollmühle genutzt. 1.000 Menschen fanden hier zeitweise Beschäftigung, und »Hercules«, das Wasserrad, galt als das größte ganz Europas. Als die Mühle 1965 ihre Pforten schloss, wandelte man sie um – in die Deanston Distillery. 1971 verließ der erste in Flaschen gefüllte Single Malt das Haus, damals noch unter dem Namen Old Bannockburn. Drei Jahre später hieß das Lebenswasser dann nach seiner Heimatstadt Deanston. So fruchtbar die Landschaft, so fruchtig der Whisky. Ein Schluck Deanston erinnert ebenso an einen bunten Blumenstrauß wie an einen Obstcocktail. Vor allem Zitrusfrüchte scheinen Eingang gefunden zu haben in diese gelungene Komposition, die ihre Entstehung aus gemälzter Gerste jedoch keine Sekunde verleugnet. Und der »small jug of cold spring water«, den die Hersteller wegen der 46 Umdrehungen empfehlen, ist eigentlich gar nicht nötig.

Dank der alten Anlagen ist die Destillerie am Teith heutzutage die einzige, die vollkommen unabhängig von der öffentlichen Stromversorgung agiert. Sie produziert mithilfe des Flusses nicht nur ihre eigene Energie, sondern gibt darüber hinaus noch zig Megawatt an die Gemeinde ab. Richtig berühmt jedoch wurde die Brennerei im Jahr 2012, als Ken Loach hier die Destillerieszenen seiner Komödie »The Angels' Share« drehte.

Geruch blumig, fruchtig | **Geschmack** Orange, süßer Nachklang | **Preisklasse** ** | **Varianten** Virgin Oak (Finish in Neufässern) und andere | www.deanstonmalt.com

UN-CHILL FILTERED
HIGHLAND SINGLE MALT
SCOTCH WHISKY
12
YEARS
OLD
AGED 12 YEARS
DEANSTON
HIGHLAND SINGLE MALT
SCOTCH WHISKY
UN-CHILL FILTERED
(EXACTLY AS IT SHOULD BE)
WE PUT EVERYTHING
WE ARE, INTO
EVERYTHING WE MAKE.
NOTHING ADDED
BUT HARD WORK AND
DETERMINATION
70cl e
SIMPLE, HANDCRAFTED, NATURAL
46.3%vol

32_Derrina

Deutscher Single Grain, 3 Jahre, 43 %

Single Grain bedeutet zunächst einmal nichts anderes, als dass dieser Whisky in einer einzigen Destillerie (Single) aus – zumeist ungemälztem – Getreide (Grain) gebrannt wurde. Außerdem werden Grainwhiskys normalerweise nicht in Pot Stills (den zwiebelförmigen Kupferblasen) erhitzt, sondern über sogenannten Columns (Säulen), nach ihrem Erfinder häufig »Coffey Stills« genannt. Das Verfahren schafft einen reineren Brand.

Auch die kleine Brennerei Fitzke aus dem Schwarzwald verfügt über einen herkömmlichen Kolonnenbrenner. In einer Hinsicht aber geht sie ganz eigene Wege, kommen doch hier auch Getreidesorten zum Einsatz, die andernorts eher im Biobrot landen oder ans Vieh verfüttert werden. Der Derrina-Whisky – Derrina ist das althochdeutsche Wort für Getreidebrand – verdankt seinen Geschmack nicht nur den whiskytypischen Sorten Gerste, Weizen, Roggen und Mais, sondern wird auch wahlweise mit Dinkel, Emmer, Einkorn, Hafer, Hirse und so weiter verfeinert. Der für dieses Buch getestete Derrina basiert auf ungemälztem Grünkern, ebenfalls eine im Verlauf der Biowelle wiederentdeckte Nutzpflanze. Das »Grünkorn« bezeichnet die vor der Reife geernteten und für die längere Haltbarkeit gedarrten Körner des Dinkels. Der deutsche Südwesten gilt traditionell als Heimat des Grünkerns – beste Voraussetzungen also für einen guten Schluck.

Derrina reift in Eichenfässern, ohne zum Finishing noch einmal in ehemalige Weinbehältnisse zu wandern. Obstige Aromen sucht man deshalb vergeblich, Getreide und Holz stehen im Vordergrund. Das klingt ein wenig erdenschwer, aber das Geschmackserlebnis zeugt vom Gegenteil. Dieser Grünkern-Grain ist ein junger, frischer Brand mit wunderbarer Balance. Wer je mit dem Spruch konfrontiert wurde, Bier und Whisky seien letztlich nichts anderes als flüssiges Brot – mit einem Derrina findet er ihn auf das Feinste bestätigt.

Geruch Getreide, Eiche | **Geschmack** flüssiges Brot | **Preisklasse** *** | **Varianten** Single Malt, diverse Getreidenoten | www.kleinbrennerei-fitzke.de

KLEINBRENNEREI
Fitzke
Derrina®
Grünkern
Schwarzwälder
Single Grain Whisky
43% vol 0,35 L
L 11012
Kleinbrennerei Edith Fitzke • Riedstr. 18 • 79336 Herbolzheim • www.kleinbrennerei-fitzke.de

33_ The Deveron

Single Malt Scotch, 12 Jahre, 40 %

Es herrscht einige Verwirrung um The Deveron. Ein Fluss dieses Namens existiert, und an dem liegt auch die Destillerie – die allerdings nicht Deveron, sondern Macduff heißt. Bis vor einigen Jahren produzierte man hier einen Whisky namens Glen Deveron, der jedoch im Rahmen von Übernahmen verloren ging. Wie die Ortschaft Macduff liegt auch die gleichnamige Brennerei am Ostufer des Deveron, gehört jedoch postalisch zum Städtchen Banff am Westufer. Auch whiskygeografisch ist die Macduff-Brennerei nicht genau zuzuordnen, siedelt sie doch im fahlen Grenzgebiet zwischen Speyside und Highlands. Und zu allem Überfluss stammt der historische Clan der Macduffs ursprünglich weder von hier noch von dort, sondern aus den Lowlands.

Die recht junge Macduff-Brennerei wurde erst 1960 gegründet. Man sagt, sie habe als erste metallene Maischebottiche und Wasserdampf zum Erhitzen der Brennblasen eingesetzt. Whisky-Nerds betonen auch gern, dass die Kondensatoren der Wash Stills vertikal (üblich), die der Spirit Stills hingegen horizontal (unüblich) angeordnet sind. Aber jede Brennerei hat halt ihre ganz eigenen Tricks, um ihren ganz eigenen Geschmack zu kreieren (oder zu propagieren). Während die Genese ziemlich unübersichtlich erscheint, fallen die Urteile über den Deveron recht eindeutig aus: »I have never tasted a whisky so smooth«, sagen die Taster, dieser Spirit ähnele »in seiner Sanftheit und Balance sehr stark dem Glenmorangie«. Tatsächlich scheint hier ein besonders fein geschrotetes Malz in die Nase zu ziehen, das ein deutlich von der offenen See beeinflusster Wind herwehte. Und schon der erste Schluck wandert balsamweich über Zunge und Gaumen. Falls schon mal jemand einen Karamellbonbon in warmem Kräutertee aufgelöst hat, weiß er, wie ein Deveron wirkt. Es sind Whiskys wie dieser, für die der Ausdruck »Butterscotch« erfunden wurde.

Geruch sanft, Seeluft | **Geschmack** Butterscotch | **Preisklasse** ** | **Varianten** 10, 18 Jahre | www.thedeveron.com

FW
HIGHLAND SINGLE MALT
SCOTCH WHISKY
The
DEVERON
700mle
Aged
12
Years
40%alc./vol.
DEVERON DISTILLERY Co
DISTILLED AT MACDUFF DISTILLERY
THE ROYAL BURGH OF BANFF
PRODUCT OF
SCOTLAND

34_Dewar's

Blended Scotch, 12 Jahre, 40 %

Die Heimat der Dewars ist Aberfeldy in den schottischen Highlands. Etymologisch stammt der Ortsname vom gälischen »Obair Pheallaidh« ab, wobei Letzteres eine Art Wasserkobold bezeichnet. Kein schlechter Platz also für die Herstellung von Whisky, bei dem es ja auch um Geist und Geister, um den Sprit, den Spirit und das Spirituelle geht.

Nicht zuletzt besteht die Kunst des Blendings darin, das Produkt über Jahre einheitlich schmecken zu lassen. Bis zu 40 verschiedene Malt- und Grainwhiskys steuern ihren Teil bei zu einem Dewar's. Und es sind weiß Gott nicht die schlechtesten, allen voran der Aberfeldy und der Craigellachie (siehe Nummer 1 und Nummer 27) aus dem eigenen Haus. Was aufs Blenden folgt, ist die Hochzeit: ein mehrmonatiger Reifungsprozess im eigenen Fass. Die Dewars waren Pioniere in dieser Hinsicht, und ihr traditionsreichstes Pferdchen ist der White Label. Vor allem in den USA gehört er zu den absoluten Spitzenreitern. Viele dutzend Male prämiert, zeichnet er sich durch seine milde Note zwischen schottischer Heide und jungen Früchten aus. Der für dieses Buch verkostete 12-Jährige tritt demgegenüber ein wenig stärker auf. Alles wirkt hier kräftiger und voller: Diese Heide riecht nach frischem, sattem Regen. Honigbienen haben ihre Spuren hinterlassen, und irgendwer hat ein paar Rosinen und Karamellbonbons eingestreut. Ohne großspurig zu werden, trumpft der Blend mit energischer Würzigkeit auf. Die süße Bitternis der Eiche weicht schließlich dem würdevollen Abgang eines Gastes, den man gern wieder empfängt.

Man schrieb das Jahr 1987, als Unterwasserarchäologen im nordamerikanischen Huronsee einen hochprozentigen Fund machten. Das Wrack der 1913 gesunkenen »SS Regina« enthielt mehrere Kisten Dewar's Scotch. Dass sowohl die Gebinde als auch ihr Inhalt über all die Jahre unversehrt geblieben waren: Vielleicht war es das Werk eines wackeren Wasserkobolds.

Geruch malzig, Heidekraut | **Geschmack** leicht bitter, vollfruchtig | **Preisklasse** *–** | **Varianten** White Label, diverse Jahrgänge | www.dewars.com

ESTD 1846
Dewar's
TRUE SCOTCH
Aged 12 Years
The Ancestor
BLENDED SCOTCH WHISKY
GOLD & PRIZE 500 MEDALS
John Dewar & Sons Ltd
GOLD & PRIZE 500 MEDALS
PERTHSHIRE, SCOTLAND
AGED IN HAND SELECTED RESERVE CASKS
FOR TWELVE YEARS THIS WHISKY HAS
LONG BEEN ADMIRED AS THE ANCESTOR
SELECTED OAK CASK

35_ Edradour

Single Malt Scotch, 10 Jahre, 40 %

»Edradour ist die kleinste legale Destillerie Schottlands«, erklären die Führer vor Ort. Und legen die Betonung dabei gern auf »legal«. Denn die Brennblasen sind so wenig voluminös, dass sie von den Steuerbehörden noch gerade eben als statisch eingestuft werden. Gälten sie als transportabel, ginge das in Richtung Schwarzbrennerei. Hier wird im Jahr nicht viel mehr Whisky produziert, als diverse schottische Konkurrenten in der Woche hervorbringen. Entsprechend ähnelt die Destillerie eher einem privaten Bauernhof als einem Industrieunternehmen. Und der Produktionsort liegt passend in einem einsamen Seitental nahe dem 3.000-Seelen-Örtchen Pitlochry.

Kleine Brennblasen generieren einen intensiveren Whisky, sagt man. Der Edradour flutet die Zunge jedoch zunächst angenehm seidig. Lässt man ihn eine Weile frei walten, spielt er seine hervorstechenden Charaktereigenschaften aus. Deutlich weist er darauf hin, aus Gerstenmalz gebrannt worden zu sein. Auch glaubt man nach einer Weile, das Sherryfass zu kennen, in dem er zuletzt heranreifte. Ohne aufdringlich wirken zu wollen, sagen ein paar Nüsse Hallo, bevor sich der Edradour pfeffrig-cremig verabschiedet.

Als größte Attraktion von Pitlochry gilt eine 311 Meter lange Lachsleiter. Dabei handelt es sich um einen stufigen, kaskadenhaften Kanal entlang dem River Tummel. Direkt an der Main Road wird Blair Athol gebrannt, ein Whisky, der vor allem in Blends aufgeht. Die Destillerie von Edradour begann, wie alle hier, als Schwarzbrennerei. Ab 1825 dann diente sie dem Eigenbedarf einer landwirtschaftlichen Genossenschaft. Gut 100 Jahre später gingen die Anlagen über in die Hände eines New Yorker Mafioso namens Irving Haim (1900–1975). Unter seiner Ägide gelangte dann auch ein Edradour-Blend auf die Menüliste dreier sehr wichtiger Herren, die anno 1945 in Potsdam konferierten: Winston Churchill, Harry S. Truman und Josef Stalin.

Geruch intensiv, malzig | **Geschmack** Früchte, Nüsse | **Preisklasse** ** | **Varianten** 12 Jahre (non-chill-filtered) und andere | www.edradour.com

Scotland's Little Gem
EDRADOUR
ESTABLISHED 1825
Scotland's Little Gem
EDRADOUR
ESTABLISHED 1825
The Distillery Edition
HIGHLAND SINGLE MALT SCOTCH WHISKY
70 cl e
HANDMADE IN THE POCKET GLEN
40% vol
EDRADOUR DISTILLERY COMPANY LTD., PITLOCHRY, SCOTLAND
NESTLED IN A POCKET GLEN, IN THE HILLS ABOVE PITLOCHRY IN THE SOUTHERN HIGHLANDS, LIES EDRADOUR, SCOTLAND'S LITTLE GEM, THE NEAT CLUSTER OF BUILDINGS HOUSES EQUIPMENT ONLY JUST CAPABLE OF PRODUCING COMMERCIAL QUANTITIES. INDEED EDRADOUR DISTILLERY MAKES AS MUCH WHISKY IN A YEAR AS MANY DISTILLERIES PRODUCE IN A WEEK.
Aged 10 Years
SCOTLAND'S LITTLE GEM

36 Eifel Whisky

Single Rye, 4 Jahre, 50 %

Der weltweite Aufschwung des Whiskymarktes hat auch in Deutschland Spuren hinterlassen. Im Land des Korns, Kümmels und Obstlers wird seit geraumer Zeit zunehmend Whisky gebrannt. Zuweilen nur als Nebenprodukt einer alteingesessenen Landbrennerei, manchmal aber auch hauptamtlich wie bei den Bavariern von Slyrs (siehe Nummer 91). In nackten Zahlen: Von den rund 29.000 deutschen Destillerien brennen etwa 150 auch oder ausschließlich Whisky. Tendenz steigend.

Ein Beispiel für die alemannischen Whisky-Experimente ist der mit stolzem Understatement »Eifel Whisky« getaufte Brand aus Ochtendung bei Koblenz. Sämtliche Varianten der Destillerie entstehen aus heimischen Getreiden. Gelagert wird der Whisky zunächst in Fässern aus amerikanischer Weißeiche. Das Finish hingegen ist unterschiedlich: Während die eher malzige und die Smoky-Ausgabe in Sherryfässern veredelt wird, erhält der hier ausgewählte Roggenwhisky seinen letzten Schliff in frisch entleerten Rotweinbehältnissen. Was dabei herauskommt, ist ein Single Rye aus Rohroggen mit einem geringen Anteil an Roggenmalz. Ungefiltert und ohne Farbzusätze gelangt das Endprodukt schließlich in die mit hübschen Eifelmotiven belabelten Flaschen. Beim Öffnen entströmt ihnen ein intensiver, vollfruchtiger Geruch. Fast könnte man meinen, hier seien die Äpfel und Birnen gelandet, die ansonsten dem Eifeler Obstler sein Aroma schenken. Für einen vierjährigen, also recht jungen Whisky ist der Geschmack erstaunlich ausdifferenziert. Auf der Welle eines relativ hohen Alkoholgehalts (50 %) surft ein angenehm medizinisches Schaumkrönchen. Man schwimmt eine Weile mit, balanciert sich aus und hält die Nase in den kernigen Eifelwind. Whisky zu brennen (und richtig zu lagern!) ist ein Handwerk. Und inzwischen kann man mit Recht behaupten: ein Handwerk, das man auch in Deutschland erfreulich gut beherrscht.

Geruch fruchtig, kernig | **Geschmack** Getreide, leicht medizinisch | **Preisklasse** **–*** | **Varianten** Malted Blend, Smoky Blend | www.eifelwhisky.de

Eifel Destillate
EIFEL WHISKY
SINGLE RYE
DEUTSCHER ROGGEN WHISKY - 100% ROGGEN
Ohne Filtration & Farbkorrektur abgefüllt durch
Eifel Destillate e.K. D-56299 Ochtendung / Eifel
Product of Germany
50%Vol.Alk
350ML

37_Elijah Craig

Kentucky Straight Bourbon, 12 Jahre, 47 %

Elijah Craig war ein Baptistenprediger, geboren 1738 in Virginia. Sein Glaube und dessen Verbreitung waren ihm offenbar sehr wichtig, mindestens zweimal wanderte er dafür ins Kittchen. 1782 ließ er sich in Kentucky nieder. Fortan ergänzte er seine kirchlichen Aktivitäten durch eine rege Geschäftstüchtigkeit. Elijah erbaute die erste Walkmühle Kentuckys, die erste Papiermühle und die erste Seilerei. Weitaus bedeutender jedoch geriet sein Engagement als Schnapsbrenner. Um 1789 herum gründete er eine Destillerie, die Geschichte machen sollte – jedenfalls wenn man den Legendenschreibern glaubt.

Viele Farmer seiner Region brannten damals einen Maiswhiskey. Um ihn von den verbreiteten Roggenprodukten abzugrenzen, nannten sie ihn Bourbon. Was Elijah in die Quere kam – von heute aus betrachtet: zum Glück –, war ein Brand. Anstatt seine angekokelten Fässer zu entsorgen, benutzte er sie einfach weiter. Was danach entstand, war angeblich der erste Bourbon, wie wir ihn heute kennen: rötlich, leicht süßlich, mit deutlicher Holznote. Das Experiment überzeugte zunächst die Konsumenten und sodann die Konkurrenten. In der Folge ging man überall in den Staaten dazu über, die nagelneuen Eichenfässer von innen auszukohlen, bevor man sie mit Destillat befüllte.

Elijahs Nachruhm manifestiert sich in dem nach ihm benannten Whiskey, der unter Bourbon-Fans außerordentlich beliebt ist. Daran mögen die Zitrusfrüchte beteiligt sein, die man im ersten Moment herausschmeckt. Spielbestimmend jedoch sind Elemente von Kokosnuss und Marzipan. Als der Prediger 1808 starb, war er ein reicher Mann. Sein Grundbesitz belief sich auf 16 Quadratkilometer, auch die Zahl seiner Sklaven war beträchtlich. Die geneigte Nachwelt verlieh ihm schließlich einen Titel, der ihn unsterblich machen soll: »Father of Bourbon«.

Geruch Eiche, Kokos | **Geschmack** bittersüß, leicht nussig | **Preisklasse** *–** | **Varianten** 18 Jahre | www.heavenhill.com

ELIJAH
CRAIG
KENTUCKY STRAIGHT
BOURBON WHISKEY
47% vol.
70 cl.
Years 12 Old
PRODUCT OF U.S.A.

38 Fading Hill

Deutscher Single Malt, 4 Jahre, 46 %

»Schottland im Westerwald?«, fragen sie auf ihrer Homepage ein wenig kokett. Aber so ganz weit hergeholt ist das nicht. Der Fremdenverkehrsort mit dem vielversprechenden Namen Nistertal liegt malerisch eingebettet zwischen sanften, mit Wald und Wiesen bedeckten Hügeln. Und mit der 1911 fertiggestellten Erbacher Brücke verfügt die Gemeinde zudem über ein historisch bedeutendes Denkmal: Zur Zeit ihrer Einweihung war sie die größte Betonbrücke Deutschlands. Das Eisenbahndenkmal wird längst nicht mehr befahren, aber dafür steuert heutzutage der ein oder andere gern die nahe gelegene Birkenhof-Brennerei an. Neben Führungen und Tastings bietet nicht zuletzt das Besucherforum samt hofeigenem Verkaufsshop einen Grund, hier aufzulaufen.

Die Brennereitradition reicht im Nistertal weit zurück. Bereits 1848 wurde hier der erste Schnaps abgefüllt, zunächst handelte es sich natürlich um Korn. 1972, ein Jahr vor dem Umzug auf den Birkenhof, erweiterten die Westerwälder Klöckners ihr Repertoire um einen Wacholder. Und nachdem 1999 verschiedene Obstbrände hinzukamen, markierte das Jahr 2002 die Wende zum Whisky. Alljährlich entsteht auf dem Birkenhof eine jeweils neue Abfüllung für den Markt, die auch geschmacklich stets individuell ausfällt. Der ebenfalls im Programm stehende Rye wird für vier bis sechs Jahre in Sherryfässern gelagert, während der hier verkostete Single Malt in gebrauchten Bourbon-Behältnissen zur Reife kam. Satte Getreidedünste schweben der Nase entgegen, bevor der erste Schluck einen sehr abgeklärten, an mürbe Äpfel erinnernden Brand in den Mund spült: WWW – WesterWälder Whisky. Seinen echten Namen »Fading Hill« (etwa: »verschwindender Hügel«) verdankt der Spirit wiederum dem nahen Hügelmassiv Stöffel. Dieses »verschwand«, als es ab dem Ende des 19. Jahrhunderts um sein Basaltgestein erleichtert wurde.

Geruch Getreide, Eiche | Geschmack mürbe Äpfel, reife Zitrusfrüchte | Preisklasse *** | Varianten Single Rye, Sondereditionen | www.birkenhof-brennerei.de

Est° 1848
46 % vol
0,7 l
Stöffel
2016
Fading
hill
4
German Single Malt
Whisky
Matured in Bourbon casks
Birkenhof-Brennerei GmbH · D-57647 Nistertal

39_The Famous Grouse

Blended Scotch, 40 %

Moorhühner (genauer: Moorschneehühner) trifft man fast ausschließlich in den nördlichen Arealen unserer Kontinente an. Außerordentlich berühmt wurden die Tierchen, als man ihnen 1999 ein vor allem in Deutschland beliebtes Computerspiel widmete. Ausgerechnet Johnnie Walker hatte es entwickeln lassen und das Huhn ins Zentrum gestellt, um dem Konkurrenten auf dem Billigwhiskymarkt eins auszuwischen. »Famous« war die Grouse zu diesem Zeitpunkt schon lange. Bereits ab 1860 hatte die Kaufmannsfamilie Gloag aus Perth/Schottland mit dem Blenden von Whisky experimentiert. 1896 schließlich brachte man eine Komposition auf den Markt, die überzeugen konnte. »The Grouse« war geboren. Weil sich das Zeug verkaufte wie warme Semmeln, setzte man 1905 ein »Famous« vor den Namen. Und bald darauf schuf Phillippa, Tochter von Matthew Gloag III., dann auch jenes rote Huhn, das jede Flasche ziert. Heutzutage gehört The Famous Grouse zu den meistverkauften Blends in Großbritannien.

Für Whiskyfreunde ist die Jagd nach dem Moorhuhn ganz einfach: Man öffnet den Schraubverschluss und gießt sich ein Dram davon ein. Erster Eindruck: Der Stoff riecht (und schmeckt) zwar nicht nach Huhn, aber das Moor ist in Form von ein wenig Torfrauch durchaus vertreten. Der weiche Gesamteindruck wird durch Spitzen von Eiche und Zitrone aufgewertet. Mit dem Abgang flattert das Hühnchen dann relativ schnell davon, ohne weitere Spuren zu hinterlassen. In seinem Marktsegment gehört dieser Whisky jedoch ganz sicher zu den qualitätsvollen Vertretern.

Das männliche schottische Moorhuhn, so liest man, gibt während der Balz einen charakteristischen Laut von sich, der wie »go-bäck, bäck-bäck-bäck« klinge. Frei übersetzt hieße das »Hau ab«, aber für diesen Verweis gibt es weiß Gott keinen Grund. The Famous Grouse darf gern bleiben.

Geruch leicht, zitronig | **Geschmack** weich, etwas torfig | **Preisklasse** * | **Varianten** Smoky Black (stärker getorft) und andere | www.thefamousgrouse.com

BY APPOINTMENT TO
HER MAJESTY THE QUEEN
SCOTCH WHISKY BLENDERS
MATTHEW GLOAG & SON LTD
THE FAMOUS GROUSE
BLENDED SCOTCH WHISKY
PRODUCT OF SCOTLAND
ESTD 1800

40_Fireball

Whisky-Likör, 33 %

Wer keinen Zimt mag, sollte die Flasche besser gar nicht erst öffnen. Denn schon der Geruch dieses Drinks ist so intensiv zimtig, dass man sofort an Weihnachten denkt. In frostigen Zeiten ist auch der Ursprungsmythos des Fireballs angesiedelt: Angeblich sei der Mix aus Whisky und Zimt im kältesten aller kanadischen Winter entstanden.

Schon vor dem ersten Schlückchen erkennt die Nase, dass wir es hier nicht nur mit einem alkoholischen, sondern zudem mit einem kalorienreichen, durchdringend süßen Getränk zu tun haben. Das Zimtpulver wirkt wie eingearbeitet in diese schwere Süße, die einem schokoladenüberzogenen Marzipanriegel zu entstammen scheint. Entsprechend klebrig, behäbig wie ein Gletscher, fließt der gepimpte Likör dann auch in den Mund. Verstärkend kommen hier auch die im Zimt enthaltenen ätherischen Öle zur Geltung. Im Grunde erinnert der Fireball an die in manchen Jugendzirkeln beliebten vorgemixten Alkopops. Das Zuckrige drängt den Alkohol so entschieden in den Hintergrund, dass man sich etwaiger Gefahren gar nicht bewusst wird. Stattdessen leckt man sich die Lippen und giert nach dem nächsten Glas. Es sei denn, wie gesagt, man mag keinen Zimt.

Heilende Kräfte sagte man dem aus der Rinde von Zimtbäumen gewonnenen Stoff schon in der Antike nach. Zimtrinde kuriere Husten und Schnupfen, treibe den Harn und stärke den Magen, glaubten die Griechen und Römer. In Kanada wiederum, so besagt die Legende, sei einst der Fireball gegen Erfrierungen eingesetzt worden. Da er vermutlich nicht auf äußerliche Frostbeulen aufgetragen wurde, muss seine wärmende Kraft wohl von innen kommen. Die Fireball-Fangemeinde ist groß, nicht zuletzt in Cocktailbars, wo der Zimtwhisky allen möglichen Mixgetränken beigegeben wird. Aber seine größtmögliche Hitze, so die Experten, entfalte er keineswegs als Heißgetränk. Sondern eisgekühlt.

Geruch Zimt | **Geschmack** Zimt, süß, leichte Schärfe | **Preisklasse** * | **Varianten** diverse Cocktails | www.fireballwhisky.com

FIREBALL®
RED
33% vol.
LIQUEUR BLENDED
CINNAMON &

41 Four Roses

Kentucky Straight Bourbon, 40 %

Der Four Roses ist kein großer Whiskey, das vorweg. Aber die Geschichte hinter diesem Spirit ist auf alle Fälle recht rührend. Paul Jones Junior, so will es die Legende, war einst verrückt nach einem hübschen Südstaatenmädchen. Ob seiner Schüchternheit brachte er es jedoch nicht fertig, sie anzusprechen. Also schrieb er der Angebeteten stattdessen einen Brief, und sie antwortete: Wenn sie bei dem anstehenden Fest eine rote Rose trage, sei sein Heiratsantrag angenommen. Und wie es der Name nun verrät: Madame hatte sogar gleich vier Rosen dabei.

Süße Story, süßlicher Whiskey: Beim Four Roses handelt es sich um einen typischen Bourbon aus neuen amerikanischen Weißeichefässern. Karamell- und Vanillenoten reiten die Geruchsrezeptoren zu. Aber damit auch der gemeine Cowboy etwas davon hat, gesellt sich eine ordentliche Portion alkoholischer Schärfe dazu. Manch einer mag sich sogar an das charakteristische, immer ein wenig schwindlig machende Aroma von Ethylacetat erinnert fühlen. Vom Riechen zum Trinken findet dann wieder ein Programmwechsel statt: Im Mundraum übernehmen eher weiche und fruchtig süße Töne das Zepter. Die 40 Umdrehungen verteilen sich recht userfreundlich und ohne anzuecken. Mit anderen Worten: So ein Four-Roses-Bourbon lässt sich gut kippen.

Fünf bis sechs Jahre reift der Yellow Label, bevor man ihn in seine Flaschen abfüllt. Zehn verschiedene, aber hauseigene Destillate werden dafür zusammengemischt. Vier Rosen mögen ein bisschen viel sein für diesen durchschnittlichen Saloonwhiskey. Aber eine hat er allemal verdient. Und wie der Whiskey manche Wünsche offenlässt, so hakt es auch bei seiner Legende ein wenig. Zwei Jahre bevor Paul Jones die Marke 1888 übernahm, war sie von einer Familie Rose gegründet worden. Die wird wohl auch für den Namen verantwortlich sein. Zumal der gute Paul nie geheiratet hat.

Geruch Vanille, Karamell | **Geschmack** fruchtig, weich | **Preisklasse** * | **Varianten** Black Label, Single Barrel und andere | www.fourrosesbourbon.com

AN EXCEPTIONAL
ESTABLISHED
1888
KENTUCKY BOURBON
IMPORTED
Four Roses
BOURBON
KENTUCKY STRAIGHT
BOURBON WHISKEY
40% vol
70cl e

42 Frysk Hynder

Holländischer Single Malt, 5 Jahre, 48 %

Die niederländische Rasse der Friesenpferde (friesisch: Frysk Hynder) wird sehr selektiv gezüchtet. Füchse schließt man ebenso von der Zucht aus wie Rappen mit weißen Einschlüssen. Von oben bis unten schwarz soll so ein Friese sein und damit ganz anders als der nach ihm benannte Whisky. Denn der recht junge Frysk-Hynder-Whisky, hier als Cask Strength porträtiert, kommt stattdessen in durchschimmerndem bernsteinfarbenen Gewand daher.

Der niederländische Friese Aart van der Linde begann als Bierbrauer – nicht die schlechteste Voraussetzung für den Einstieg ins Whiskybusiness. Defätistisch gesprochen ist Whisky schließlich eine Art Bier ohne Hopfen, jedenfalls was die Maische angeht. Danach trennen sich die Produktionswege, ein Fakt, dem van der Linde durch ein Praktikum in Schottland Rechnung zollte. Als er 2002 mit dem Destillieren eines eigenen Single Malts begann, war er den Nordmännern sogar in einer Hinsicht voraus: Frysk Hynder basiert auf Gerstenmalz aus der eigenen Mälzerei. Bei der Fasslagerung wiederum wandeln die Friesen auf bewährten Pfaden: Wein-, Sherry- und Cognacfässer veredeln das Destillat, bevor es nach drei- bis fünfjähriger Reifung in die Flaschen kommt.

Der erste holländische Single Malt der Whiskyhistorie betört die Nase mit einem Duft von Pflaumen und Süße. Dies ist – 48 Volumenprozent hin oder her – kein knackiger Cowboyschnaps, sondern eher ein verspielter Cognac. Ein Tropfen Wasser entlockt ihm zusätzliche Geschmacksnoten, man glaubt, zergehendes Karamell auf der Zunge zu spüren. Friesenpferde gelten als eigensinnig, aber auch als disziplinierte Dressurpferde. Zwei eher gegensätzliche Eigenschaften, die zugleich Interesse wecken. Dasselbe gilt für den »Golden Spirit of Frisia«. Außerhalb der Niederlande ist der Frysk Hynder noch immer ein Geheimtipp. Aber man sollte im Auge behalten, wohin er zukünftig galoppieren wird.

Geruch Pflaumen, süß | **Geschmack** Karamell, Kaffee | **Preisklasse** *** |
www.usheitdistillery.de

43 Georgia Moon

American Corn Whiskey, 40 %

Man schrieb den 16. Januar 1919, als in den USA der 18. Zusatzartikel zur Verfassung der Vereinigten Staaten ratifiziert wurde. Fortan standen die Herstellung, der Verkauf und der Transport von Alkoholika unter Strafe. Die einen nannten es »The Noble Experiment« (Das ehrenhafte Experiment). Für die anderen jedoch war es der Startschuss für groß angelegte schwarze Geschäfte und sensationelle Einnahmen. Sogenannte Speakeasys schossen aus dem Boden, versteckte Kneipen, angesiedelt in Kellerlöchern, Hinterzimmern und stillgelegten Lagerhallen. Den illegalen Whiskey, der dort durch die Kehlen rann, nannte man »Moonshine«: gebrannt im Schutz der Nacht, schummrig beleuchtet nur vom Mond. Ein Beispiel für diese Art schwarzgebrannten Schnapses ist der Georgia Moon.

Was während der Prohibition (1920–33) notwendig war, ist heute Teil der Vermarktung. Georgia Moon wird nicht in herkömmliche Flaschen abgefüllt, sondern in Marmeladengläser mit einem Retro-Design-Label. Mit kokettem Stolz verkündet dieses, dass der Stoff »weniger als 30 Tage« gelagert worden sei. Daher rührt auch seine »Farbe«. Denn Georgia Moon ist ein Klarer, der nicht nur äußerlich recht wenig mit konventionellem Whiskey gemein hat. Am ehesten trifft man sich noch bei den Ingredienzen: Wie der Bourbon basiert der Georgia Moon vor allem auf Mais. Mindestens 80 % Maisanteil muss eine Spirituose enthalten, um sich »American Corn Whiskey« nennen zu dürfen. Der Mais generiert dann auch den ersten Geschmackseindruck. Süß kommt dieser Sprit-Spirit daher, und das halb vergoren wirkende Getreide fügt einen Schuss Saures hinzu.

Nach dem Abgang kämpft man noch eine ganze Weile mit dem Georgia Moon. Wirklich angenehm kann das eigentlich niemand finden. Es sei denn, man imaginiert sich beim Trinken in eine Flüsterkaschemme im New Orleans der 1920er.

Geruch säuerlich | **Geschmack** süßsauer, schnapsig | **Preisklasse** *–** |
www.heavenhill.com

Shine On
Georgia Moon
Brand
Corn Whiskey
"Less than 30 days old"
40% alc/vol - 80 proof
bottled by
The Johnson Distilling Co
BARDSTOWN
KENTUCKY

44 Glendalough

Irischer Poitin, 40 %

Vor dem Whiskey war der Poitin (sprich: Potchien). Schwarzgebrannter irischer Schnaps aus dem heimischen Topf (»pot«), schnell destilliert und kaum je in Fässern zur Reife gebracht. Ob man hier wirklich von Whiskey sprechen sollte, wird bis heute kontrovers diskutiert. Aber der Fusel wurde zur Legende, und sein Ruf als Urahn aller modernen Whiskeys ist unbestritten. Die junge Glendalough Destillerie hat 2013 mit dem Premium Irish eine Edelvariante dieses Getränks auf den Markt gebracht.

In der Geschichte des Poitin-Brennens hat es ganz bestimmt furchtbare Feuerwasser gegeben. Aber dieses hier deutet bereits beim Nosing an, dass es nicht vorhat, dich blind zu machen. Dem irischen Klaren fehlt das Getreidige von deutschem Korn. Eher fühlt man sich an einen Obstler erinnert, ohne dabei eine bestimmte Frucht vor Augen zu haben. Und mit dem ersten Schluck lichtet sich der Nebel. Alkoholische Kräfte kreisen nun um Eindrücke von Kartoffel- und Pflaumenschnaps. Erstaunlicherweise legt sich zugleich eine gewisse Süße über den Gaumen, nicht unangenehm, sondern eher im Sinne einer Krönung der vorgenannten Ingredienzen. Der Abgang des Glendalough schließlich ist kurz und trocken – genau so, wie man das von einem Klaren erwartet.

Berühmt ist Glendalough, das »Tal der zwei Seen« in den Wicklow Mountains, für die imposanten Reste einer alten Klosteranlage. Es waren Orte wie dieser, an denen das Schnapsbrennen seinen Anfang nahm. Als der heilige Kevin, Stadtpatron von Dublin, die Anlage im 6. Jahrhundert bauen ließ, schworen die Arbeiter, »mit den Lerchen aufzustehen und mit den Lämmern zu Bett zu gehen«. Aber, Gott sei's geklagt: Die Vögelchen zwitscherten so früh, dass die Maurer und Zimmerleute immer schwächer wurden. Ein Schluck Poitin mag in so einem Dilemma hin und wieder auch helfen, aber Saint Kevin fand eine eigene Lösung: Seine Gebete sorgten dafür, dass niemals mehr, bis heute, in Glendalough eine Lerche zirpte.

Geruch mild, Obstler | **Geschmack** kräftig, Kartoffel | **Preisklasse** ** | **Varianten** Sherry Cask Finish, Mountain Strength | www.glendaloughdistillery.com

GLENDALOUGH
CRAFTED IN SMALL BATCHES
PREMIUM IRISH
POITÍN
MATURED IN VIRGIN IRISH OAK
70cl e
{POTCHEEN}
40% Vol

45_Glendronach

Single Malt Scotch, 12 Jahre, 43 %

Der Aufkauf von spanischen Sherryfässern durch schottische Whiskybrenner ist längst Tradition. In Forgue, Aberdeenshire, setzt man auf eine Reifung in alten Pedro-Ximénez- und Olorosofässern. Während erstere für eher süße Fruchtnoten stehen, steuern letztere eine gewisse Trockenheit und deutlich stärkere Würze bei. Das Ergebnis beider Prozesse heißt Glendronach, ein »Sherry-Whisky« mit komplexem Charakter und einem Bukett zwischen satt durchfeuchtetem Holz, Leder und einem Schuss Vanille. Seine zunächst kräftig zupackende alkoholische Schärfe verliert er auf dem Weg zum Gaumen zugunsten der fruchtigen Noten, um dann im Nachklang eine süffige Würze zu verbreiten.

Wer die Brennerei besucht, wird unweigerlich den historischen Lieferwagen entdecken. Ihn ziert jener charmante Spruch, der inzwischen von den Etiketten des Glendronach verschwunden ist: »most suitable for medicinal purposes«. Die Gründung der Destillerie geht zurück auf das Jahr 1826, auf einen Mann namens James Allardice, den die Geschichtsbücher als ebenso extrovertiert wie umtriebig beschreiben. Mit ein paar Flaschen seines Whiskys soll er einst nach Edinburgh geschippert sein, um den dortigen Markt zu erobern. Sämtliche Läden verweigerten jedoch den Weiterverkauf seines Stöffchens. Auf dem Rückweg zu seinem Hotel hatte Allardice längst jegliche Hoffnung verloren, als er zwei jungen Damen von zweifelhaftem Ruf begegnete. Sie baten den desillusionierten James um einen Schluck aus seiner Pulle und waren begeistert. Den Rest erledigte die Mundpropaganda – der Glendronach avancierte binnen kürzester Zeit zum Modedrink der Edinburgher Szene.

Das Areal in der östlichen Speyside ist von hohen Bäumen umgeben, in denen, so sagt man, seit jeher eine Krähenkolonie siedelt. Den Arbeitern sollen sie Glück bringen. Und sei es nur das Glück, einen vortrefflichen Whisky zu produzieren.

Geruch süßlich, Leder | **Geschmack** cremig-seidig, Sherry | **Preisklasse** ** | **Varianten** The Hielan (8 Jahre), Allardice (18 Jahre) | glendronachdistillery.co.uk

James Allardice
1780 - 1849
INVENTOR, PIONEER, ENTREPRENEUR.
FOUNDER OF THE GLENDRONACH DISTILLERY.
DISTILLED, MATURED AND
BOTTLED BY THE PROPRIETORS
The
GLENDRONACH DISTILLERY
Co LIMITED
SINCE 1826 SINCE
The
GLENDRONACH
ORIGINAL
AGED 12 YEARS
IN A COMBINATION OF THE FINEST
XIMINEZ AND OLOROSO SHERRY CASKS
PRODUCT OF SCOTLAND
43%vol
The
GLENDRONACH
ORIGINAL
12

46 Glenfarclas

Single Malt Scotch, 60 %

Eine Meile nordwestlich von Ballindalloch fließt der Spey vorbei, der auch den Glenfarclas zu einem Kind der Speyside-Region macht. Ballindalloch Castle stammt aus dem 16. Jahrhundert und wurde um 1770 von dem hier geborenen General James Grant erweitert. In Übersee hatte Grant gegen die Indianer gekämpft und 1763 bis 1771 als Gouverneur für Ost-Florida gewirkt. Für die britische Armee nahm er zunächst am Amerikanischen Unabhängigkeitskrieg (1775–1783) teil, kehrte jedoch 1779 nach England zurück. Seit seinem Tod 1806, so sagt man, spukt sein Geist durch das Schloss seiner Ahnen. 30 Jahre später wurde dann jener Zaubertrank erfunden, den Gründer Robert Hay auf das gälische Wort Glenfarclas taufte. Zu Deutsch: »Tal des grünen Grases«.

Dank guter Lagerarbeit gibt es den Glenfarclas in vielerlei Abfüllungen jeden Alters. Der für dieses Buch verkostete 105er gehört zu den beliebtesten. Die Bezeichnung geht auf die alte britische Maßeinheit »Proof« für Alkohol zurück, die im 17. Jahrhundert von den Seefahrern ihrer Majestät eingeführt wurde. In der Umrechnung ergibt sich: 105 Degrees Proof = 60 Volumenprozent. Und genau mit dieser Cask Strength kommt der Glenfarclas dann auch in die Flasche.

Für die meisten Geruchs- und Geschmacksknospen ist das ein bisschen viel. Deshalb tut man gut daran, zunächst etwas Wasser beizusteuern. Danach jedoch umfängt den riechenden Trinker eine tiefe malzige Süße, von der man sich gern gefangen nehmen lässt. Die satten Noten der Eichenfässer und des darin zuvor gereiften Sherrys tun ein Übriges, um einen kräftig-komplexen Körper zu kreieren. Nüsse und Rosinen komplettieren schließlich das Geschmacksorchester, das man ab dem zweiten Dram auch unverdünnt probieren sollte. Kurzum: Der Glenfarclas ist ein edler Tropfen, der selbst den Geist von Ballindalloch Castle friedlich stimmt.

Geruch malzig-süß | **Geschmack** kräftige Eiche | **Preisklasse** ** | **Varianten** zahlreiche Jahrgänge | www.glenfarclas.co.uk

ESTD
1836
Glenfarclas
105
CASK STRENGTH
HIGHLAND
SINGLE MALT
SCOTCH WHISKY
DISTILLED & BOTTLED BY J&G GRANT
GLENFARCLAS DISTILLERY, SPEYSIDE, SCOTLAND
PRODUCT OF SCOTLAND
60% VOL
DISTILLED AND BOTTLED BY J&G GRANT
GLENFARCLAS DISTILLERY, SPEYSIDE, SCOTLAND

47 Glenfiddich

Single Malt Scotch, 12 Jahre, 40 %

In der Nähe von Dufftown im schottischen Norden siedelte Joanne K. Rowling ihre Zauberschule Hogwarts an. Während jedoch die magischen Fähigkeiten von Harry Potter und Hermine Granger im Reich der Fiktion verbleiben, gab es in Dufftown über die Jahrhunderte einige echte Druiden. Deren Zauberkunst diente allerdings stets nur einem einzigen Zweck: guten Whisky zu produzieren.

Die »Stadt der sieben Brennblasen« (siehe Nummer 13) brachte zahlreiche große Whiskys hervor. Einer von ihnen ist nach jenem Flüsschen benannt, das sich in Dufftown mit dem Dullan Water mischt: der Fiddich. Wenig später fließen die vereinigten Bäche dann in den Spey, der der Whiskyregion ihren Namen gab. Der Whisky des Glen of Fiddich, des Hirschtals, schrieb seit seiner Gründung 1886 eine singuläre Erfolgsgeschichte. Als einzige Brennerei vergleichbaren Alters befindet sie sich noch immer im Besitz der Gründerfamilie, der Grants. Als erster Hersteller beschlossen sie 1963, ihren Whisky fortan überregional als »Single Malt« zu vertreiben. Sehr früh erkannten die Grants auch das Potenzial von werthaltigen Geschenkverpackungen und des Duty-free-Geschäfts.

Kein anderes Lebenswasser heimste so viele Preise ein, und kaum ein anderer Single Malt verkauft sich weltweit so gut wie der in der markanten dreiseitigen Flasche. Verschiedene Faktoren spielen dabei eine Rolle: Kaum ein anderer Whisky schafft es auf so vollendete Art, zugleich massentauglich und individuell zu wirken. Glenfiddich riecht frisch und fruchtig, und so schmeckt er auch. Er schmeichelt der Zunge und wirkt in jeder Situation belebend. Trotz einer satten Süße kommt er angemessen kräftig und selbstbewusst daher, ohne ins Schnapsige abzudriften. Vielleicht hat der bis heute anhaltende Erfolg aber noch einen anderen, zauberhaften Grund. Wurde doch der allererste Schluck Glenfiddich genau am Weihnachtstage 1887 verköstigt.

Geruch Birne, leichte Rauchnote | **Geschmack** herb-weich, leichte Süße | **Preisklasse** ** | **Varianten** 15, 18, 21 Jahre und andere | www.glenfiddich.com

EST 1887
Glenfiddich
SINGLE MALT
SCOTCH WHISKY
INDEPENDENT FAMILY DISTILLERS
SINCE 1887
OUR SIGNATURE MALT
THIS PIONEER OF THE SINGLE MALT CATEGORY IS MATURED IN THE FINEST OLOROSO SHERRY AND BOURBON CASKS
AGED 12 YEARS
THEN UNIQUELY MARRIED IN OAK TUNS FOR A BEAUTIFULLY BALANCED NOSE AND REFRESHINGLY COMPLEX FLAVOUR
DISTILLED AND MATURED AT THE GLENFIDDICH DISTILLERY
DUFFTOWN, BANFFSHIRE, SCOTLAND
· PRODUCT OF SCOTLAND ·
40% vol.

48_Glen Garioch

Single Malt Scotch, 48 %

Das »Valley of the Garioch« bringt angeblich die feinste Gerste von ganz Schottland hervor. Das vorteilhafte Klima und die fruchtbaren Böden haben offenbar schon die alten Kelten bewogen, hier zu siedeln. Nahe Oldmeldrum, der Heimat des Glen Garioch, liegt auf einer einsamen Hochebene ein uralter Steinkreis. Der »Kirkton of Bourtie« wird auf rund 4.000 Jahre geschätzt. Nicht ganz so alt ist die Brennerei der kleinen Ortschaft, aber mit ihrem Gründungsjahr 1797 blickt sie auf eine beeindruckende Geschichte zurück. Eine Geschichte allerdings, die von harten Brüchen und Umschwüngen gezeichnet ist. Mal musste die Produktion wegen Wassermangels eingestellt werden (1968), mal war die Brennerei geschlossen, weil sich ihr Whisky einfach nicht gut genug verkaufte (1995–1997).

Diese Zeiten sind jedoch vorbei! Der neue Glen Garioch gilt heute als weithin akzeptierter und auch recht beliebter Single Malt. Die 48 % der hier verkosteten Founder's Reserve liegen noch so eben diesseits der Grenze, hinter der ein Spritzer Wasser als Verdünnung zu empfehlen wäre. Der Alkoholgehalt mag stark sein, lässt jedoch genügend Raum für die malzig-karamelligen Charakterzüge des Whiskys. Auch auf der Zunge und im Rachen bleibt die Flüssigkeit erstaunlich weich. Nicht zu Unrecht vergleicht so mancher Taster seinen ersten Eindruck mit Buttercreme, die einige Fruchtnoten im Gefolge hat.

»Founder's Reserve« meint die Reserve, den Vorrat des Gründervaters. Seit dem Relaunch 1997 bildet er die junge Standardabfüllung der Destillerie, die man in ihrer nordostschottischen Heimat übrigens »Glen Gieri« ausspricht. Bevor in Meldrum Whisky populär wurde, war es ein Zentrum der Strumpfindustrie. Der hiesige Fusel, so liest man, zog einem früher die Socken aus. Um den Vergleich weiterzuspinnen: Heute ist man nach seinem Genuss eher von den Socken.

Geruch jung, fruchtig | **Geschmack** fruchtig, karamellig, butterweich | **Preisklasse** ** | **Varianten** 12 Jahre | www.glengarioch.com

[1797]
OLDMELDRUM ABERDEENSHIRE
SCOTLAND
Glen
GARIOCH
HIGHLAND | Single Malt Scotch Whisky
[1797 FOUNDER'S RESERVE]
First Crafted by JOHN & ALEXANDER MANSON in 1797, this selection of NON CHILL-FILTERED Glen Garioch illustrates the distinct house character - honey sweetness, hints of heather and just a touch of spice.
DISTILLED AND BOTTLED IN SCOTLAND
PRODUCT OF SCOTLAND
700 ml
J. & A. Manson
JOHN & ALEXANDER MANSON
DISTILLERY FOUNDERS
TASTING NOTES: CHARACTERISED WITH SWEET VANILLA, BUTTERSCOTCH & FRESH GREEN FRUITS. SWEET BUTTERCREAM AND CITRUS CLEANLINESS RESULT IN A FRESH, GENTLE FINISH.
Alc 48% Vol.

49_Glenglassaugh

Single Malt Scotch, 46 %

Die Speyside ist nicht gerade bekannt für ihre überm Torffeuer getrocknete Gerste. Aber wie in manch anderer Destille experimentierte man auch bei Glenglassaugh bereits im 19. Jahrhundert mit diesem Material. Es entspricht also durchaus der Tradition, wenn die Brennerei heutzutage unter anderem einen »Torfa« getauften Whisky vertreibt. Trotz des richtungsweisenden Namens hält sich der Torfgehalt des Torfa in Grenzen. Der leichte Rauch mischt sich beim Nosing angenehm mit maritimen Duftnoten – durchaus nachvollziehbar, liegt doch Portsoy direkt an der schottischen Nordostküste. Auf der Zunge wird dann deutlich, dass der Torfa mit seinen 50 Umdrehungen eher ein junger Hengst als ein altes Schlachtross ist. Frische Früchte springen in den Rauch, vor allem das Aroma von Birnen bleibt dem Taster noch lange im Sinn. Nicht minder nachhaltig arbeitet der rechts abgebildete erste Whisky im Programm von Glenglassaugh: Revival hat man ihn genannt, weil die Brennerei ab 1986 für 22 Jahre eingemottet worden war. Im Vergleich zum Torfa kommt er recht süß daher. Dunkle Sahnebonbons schmeicheln der Zunge, die nach hinten heraus mit einem angenehm würzigen Eichenmulm zu verschmelzen scheinen.

Der Lebensmittelhändler James Moir hatte seine Produktionsstätte auf dem Gelände eines ehemaligen Schwarzbrenners errichtet. Schon dieser hatte den Ort zu schätzen gewusst: Das Wasser der Glassaugh-Quelle war glasklar, weite Gerstenfelder lagen direkt nebenan. Bis zur Schließung dienten die Whiskys aus Portsoy vor allem verschiedenen Blendmeistern als Ingredienz. Seit der Neuausrichtung jedoch steht Glenglassaugh für sich selbst, zahlreiche Auszeichnungen sind der Lohn.

Der sogenannte Portsoy-Marmor wurde einst in die halbe Welt verschickt – Ludwig XIV. ließ ihn am Schloss von Versailles verbauen. Ein edles Material offenbar, ebenbürtig den edlen Tropfen von Glenglassaugh.

Geruch Sahne, reife Früchte | **Geschmack** weich, Eiche | **Preisklasse** ** | **Varianten** Torfa, Evolution, diverse Jahrgänge und andere | www.glenglassaugh.com

VIVAL REV

50_Glengoyne

Single Malt Scotch, 12 Jahre, 43 %

Die schottischen Whiskyregionen stehen normalerweise in hartem Konkurrenzkampf zueinander. Die Glengoyne-Destillerie hingegen versöhnt die Gegensätze. Weil sie genau auf der Grenze liegt, stehen die Brennblasen in den Highlands, während die Fässer in den Lowlands lagern. Wie viele seiner Kollegen begann Anfang des 19. Jahrhunderts auch George Connell zunächst als Schwarzbrenner, um die hohen Steuern zu umgehen. 1833 dann startete auf seiner Burnfoot Farm die lizensierte Produktion jenes Whiskys, der erst 1907 Glengoyne getauft wurde.

Die dunkle Färbung des 12-jährigen Glengoyne scheint seinen malzigen Charakter bereits anzudeuten. Ausbalanciert wird das Nosing von jungen Früchten, die in einem Bad feiner Vanille schwimmen. Spätestens im Mund offenbart sich, dass hier ein paar Orangen mit im Spiel sind. Der süßsaure Mix wird von aufblitzenden Bittertönen der Eiche veredelt, sodass ein insgesamt sehr volles, vielfältig schillerndes Geschmacksbild entsteht. Um es genauer auszuleuchten, trinkt man am besten direkt noch ein Gläschen.

Das Wasser für diesen Whisky könnte frischer nicht sein. Es fließt vom malerischen Dumgoyne Hill herab ins »Tal der Wildgänse«, wie man Glengoyne aus dem Keltischen übersetzt. Der 427 Meter hohe Vulkankegel ist zugleich das Wahrzeichen der Gegend. Weil sich hier der sehr populäre West-Highland-Wanderpfad entlangzieht, freut sich die Brennerei über stetes »Laufpublikum«. Zahlreiche Schicksalsschläge hielten die Destillerie nicht davon ab, bis heute in Betrieb zu sein. Mal zerstörte ein Sturm die Fasslager und spülte die wertvolle Fracht den Fluss hinunter (1888), mal ertrank der Manager im firmeneigenen Teich (1899). Angeblich hatte Cochran Cartwright sich zuvor allzu ausgiebig am eigenen Produkt erfreut. Und weil seinem Tod dadurch eine tragische Symbolik anhaftet, wurde Cochran zu einer lokalen Legende. Sein Geist, so sagt man, spuke noch heute durch die alte Farm.

Geruch Malz, Vanille | **Geschmack** Zitrusfrüchte, Eiche | **Preisklasse** ** | **Varianten** 10, 15, 18 Jahre und andere | www.glengoyne.com

GLEN OF THE WILD GEESE
GLENGOYNE
UNHURRIED SINCE
1833
HIGHLAND SINGLE MALT
SCOTCH WHISKY
NURTURED THEN MATURED FOR
12 YEARS
NATURAL COLOUR
FROM TIME AND OAK CASKS ALONE
ROBBIE HUGHES
DISTILLERY MANAGER
70CL e | 43% VOL
DISTILLED, MATURED & BOTTLED BY
LANG BROTHERS LTD, DUMGOYNE, SCOTLAND
DUMGOYNE
SCOTLAND

51 Glen Grant

Single Malt Scotch, 40%

Aus Rothes in der Speyside-Region kommt einer der günstigsten Single Malts Schottlands. Während der ebenfalls hier beheimatete Glenrothes in der mittleren Preisklasse rangiert (siehe Nummer 55), ist der Glen Grant ein echtes Schnaps-Schnäppchen. Die Brüder John and James Grant hatten bereits eine Karriere als Schwarzbrenner und Schmuggler hinter sich, als sie 1840 eine legale Lizenz einholten. Mit dem Spey-Fluss, einem nahen Hafen und den fruchtbaren Gerstenfeldern ringsum waren die Voraussetzungen ideal, um einen neuen Whisky auf den Markt zu werfen. Berühmt und erfolgreich wurde dann Nachfolger James Grant, seit seiner Zeit bei der Armee der »Major« genannt. Geboren 1847, steckte er seine offenbar sehr neugierige Nase früh in die Whiskyherstellung. Mit der Übernahme 1872 verwirklichte James seinen Traum von der eigenen Brennerei.

Die nach James benannte »Major's Reserve« ist der jugendlichste und zugänglichste Spross der Glen-Grant-Whiskyfamilie. Seine 40 Volumenprozent werden von Früchten und Nüssen befeuert. Die frischen Knospen der Ersteren harmonieren vorzüglich mit dem leicht bitteren Beitrag der Letzteren. Je länger er im Glas schwingt, desto sanfter legt sich der Glen Grant danach auf die Zunge – in Verbindung mit dem unschlagbaren Preis kein Wunder, dass er bis heute zu den meistverkauften Whiskys der Welt gehört.

James »The Major« Grant war ein kleiner, gedrungener Kerl, der das Leben in vollen Zügen genoss. Er bereiste die halbe Welt, neben der Jagd und dem Curling liebte er die Gesellschaft der Damen. Drei Hochzeiten zeugen davon. Auch in technischer Hinsicht galt er seinen Zeitgenossen als Tausendsassa. Man sagt, er sei der erste schottische Highlander mit einem Auto gewesen. Und seine Destillerie strahlte ab 1883 unter einer seinerzeit ganz neuen Sonne: elektrischem Licht.

Geruch jugendlich, blumig | **Geschmack** Äpfel und Birnen, Nüsse | **Preisklasse** * | **Varianten** 10, 16 Jahre | www.glengrant.com

ESTD 1840
ESTD 1840
GLENGRANT
ROTHES SPEYSIDE
SINGLE MALT
SCOTCH WHISKY
THE MAJOR'S RESERVE
70 cl
40% vol.
The product of TALL POT STILLS and unique purifiers, this whisky represents NATURE and HUMAN GENIUS in perfect harmony
DISTILLED, MATURED & BOTTLED BY GLEN GRANT LIMITED, ROTHES, SPEYSIDE, SCOTLAND
DISTILLED IN TALL SLENDER STILLS

52 Glenkinchie

Single Malt Scotch, 12 Jahre, 43 %

Das kleine Dorf Pencaitland liegt nahe der schottischen Ostküste, rund 20 Kilometer östlich von Edinburgh. Wilhelm I. von Schottland (1143–1214), genannt William the Lion, soll dieses Land einst einem seiner Getreuen geschenkt haben. Bekannt ist der Ort nicht nur für den Whisky, sondern auch für die große Mälzerei am Ortsrand. Popkulturell interessant sind die Castle Town Studios. Hier nahmen Bands wie die Simple Minds, Runrig und R.E.M. einige Songs auf, und hier wechselte sicherlich auch so manches Dram Glenkinchie vom Glas in die Kehlen der Musiker.

Die schottische Whiskytradition verbindet man zuvörderst mit den Highlands und so mancher Insel. Aber auch die Lowlands haben ihre Qualitäten, »low« steht nicht für »low level«. Die Ursprünge der Brennerei von Pencaitland datieren auf das frühe 19. Jahrhundert. Der erste Bankrott folgte jedoch bereits 1853, woraufhin die Anlage in eine Sägemühle umgewandelt wurde. Keine schlechte Idee inmitten der industriellen Revolution mit ihrem Vorreiter Großbritannien. Letztlich behielt jedoch die Tradition die Oberhand, Pencaitland wurde wieder Whiskyland. Großen Auftrieb in Richtung internationaler Markt bescherte der Brennerei die Übernahme durch die United Distillers und sodann den Spirituosenriesen Diageo ab 1989. Glenkinchie wurde in die »Classic-Malts«-Reihe aufgenommen, und plötzlich bekam man auch jenseits der Grenzen mit, was diesen eigenwilligen Whisky auszeichnet.

Der 12-Jährige wirkt ausgesprochen frisch und schmeichelt den Geruchsrezeptoren mit einem satten Malzaroma. Während der Verkostung gehen Zitrusfrüchte mit dem in keiner Phase verleugneten Alkohol Hand in Hand. Harmonisch auch der Abgang des Glenkinchie: Wir haben es hier mit einem 43-prozentigen Stoff zu tun, aber er »geht runter wie Öl«. Wie ein sehr gutes Öl.

Geruch malzig | **Geschmack** leicht, sanft, Zitrusfrüchte | **Preisklasse** ** | **Varianten** Distillers Edition mit Fassvarianten und andere | www.glenkinchie.de

12
YEAR OLD
THE EDINBURGH MALT
GLENKINCHIE
SINGLE MALT SCOTCH WHISKY
12
YEAR OLD

53 The Glenlivet

Single Malt Scotch, 40 %

Auch bei Glenlivet ist man stolz auf einen charismatischen Gründervater. In diesem Fall hörte er auf den Allerweltsnamen George Smith. Geboren im geschichtsträchtigen Jahr 1792, widmete er sich bereits als kleiner Junge dem Ausbessern von Zäunen und diversen schreinerischen Tätigkeiten, was der Farm seiner Eltern zugutekam. Früh begann er sich auch für die Destillation von Alkohol zu interessieren.

Mehrere hundert illegale Brenner soll es noch zu Anfang des 19. Jahrhunderts im tief eingeschnittenen Tal des Livet-Flusses gegeben haben. George Smith war hier 1824 der erste Schwarzbrenner, der eine offizielle Lizenz beantragte. Weil einige Kollegen nachzogen, wurde die Gemeinde zum Vorreiter legaler, kommerzieller Whiskyherstellung. Der Name Glenlivet stand zeitweise in so hohem Ansehen, dass sämtliche Händler der Speyside nach Glenlivet-Whisky verlangten. Bald bedienten sich auch weit entfernte Destillerien dieses Namens. Um der Produktpiraterie ein Ende zu setzen – zeitweise existierten 18 Glenlivets gleichzeitig –, gingen die Smiths 1880 vor Gericht. Seit dem juristischen Sieg genießen sie das Exklusivrecht auf den Namen Glenlivet.

Ihr Wasser bezieht die Brennerei aus einer kristallklaren Bergquelle. Mehrere Meilen legt es durch das Granitgestein zurück, bevor es die Destillerie erreicht. Die Founder's Reserve, erinnernd an die Gründerzeit, bildet seit einigen Jahren den Einsteigerwhisky der Destillerie. Ein leichter Orangenwind zieht in die Nase, bevor sich der Glenlivet als weiche Decke über den Gaumen legt. Auch sie ist garniert mit ein paar gut abgelagerten Zitrusfrüchten, denen sich Vanilleschoten und ein Schuss Malz beigesellen. Wohlkomponiert, jung, ohne Ecken und Kanten, aber das legt ja schon der Name nahe: »Sanft fließend« lautet die Übersetzung von Livet, und genau so verhält es sich auch mit diesem freundlichen Whisky.

Geruch Orange, weich | **Geschmack** sanft, reife Zitrusfrüchte | **Preisklasse** ** |
Varianten 12, 15, 18 Jahre und andere | www.theglenlivet.com

THE
GLENLIVET
SINGLE MALT SCOTCH WHISKY
FOUNDER'S RESERVE
ESTD.
1824

54_ Glenmorangie

Single Malt Scotch, 10 Jahre, 40 %

In Zeiten eng geschnürter Korsetts führten die feinen Damen Riechfläschchen mit sich, um im Falle einer Ohnmacht schnell wieder auf den Füßen zu sein. Anstatt, wie damals üblich, Ammoniak mit Hirschhornsalz zu mischen, hätte man auch zu einem Dram Glenmorangie greifen können. Mit dem Odeur dieses außerordentlich belebenden Whiskys in der Nase fühlt man sich garantiert wie neu geboren. So ein zehn Jahre gereifter Glenmorangie Original duftet intensiv nach spritzigen Früchten, am ehesten nach Pampelmusen. Extrem hohe Brennblasen sorgen dafür, dass er zugleich sehr mild daherkommt. Und die sich spätestens beim Trinken entfaltenden Malz-, Vanille- und Mandelaromen balancieren den Drink wunderbar aus.

Die offizielle Geburt der Brennerei in den nördlichen Highlands datiert auf das Jahr 1843. Wo zuvor Bierbrauer ihrem hehren Handwerk nachgegangen waren, operierte man fortan mit zwei andernorts ausrangierten Gin-Destillierapparaten. Immerhin 86 Jahre lang, bis zum Verkauf an einen Getränkegiganten 2004, gehörte die Destillerie der Familie mit dem beinahe schon klischee-schottischen Namen Macdonald. Zwar musste man auch in Tain einige kurze Produktionspausen hinnehmen, aber in der zweiten Hälfte des 20. Jahrhunderts stieg die Nachfrage unaufhörlich. Innerhalb Schottlands ist der Glenmorangie inzwischen seit Jahrzehnten der meistverkaufte Single Malt überhaupt. Wer unter Experten punkten will, sollte den gälischstämmigen Namen richtig betonen: auf der zweiten Silbe nämlich.

Manche Taster bezeichnen den Glenmorangie wegen seiner fröhlichen, ausgleichenden Art als einen idealen Einsteigerwhisky. Er ist aber zugleich auch ein perfekter Winterwhisky. Im Abgang wärmt er den gesamten Körper wie das Fell eines schottischen Hochlandrindes. Und en passant vertreibt der frische Wind, den er mit sich führt, die winterlichen Grauschleier aus dem Kopf.

Geruch belebend, Zitrusfrüchte | **Geschmack** mild, fruchtig, wärmend | **Preisklasse** ** | **Varianten** 18, 25 Jahre und andere | www.glenmorangie.com

GLENMORANGIE
HIGHLAND SINGLE MALT
SCOTCH WHISKY
The
ORIGINAL
DISTILLED
AND MATURED
IN ROSS-SHIRE
PRODUCED
IN SCOTLAND
SINCE 1843
PERFECTED
BY THE SIXTEEN MEN OF TAIN

55 The Glenrothes

Single Malt Scotch, 43 %

Die kleine Ortschaft Rothes liegt am Nordufer des Spey und beherbergt gleich mehrere Whiskydestillerien. Der Start der Glenrothes-Destillerie stand allerdings unter einem unseligen Stern. Kaum war die Brennerei 1878 im Bau, ging die geldgebende Bank bankrott. Erst ein Konsortium engagierter Investoren ermöglichte die Fertigstellung. Und als dann am 28. Dezember 1879 feierlich die Produktion anlaufen sollte, trug Schottland Trauer. Denn am Abend jenes überaus stürmischen Tages stürzte die 3.000 Meter lange Firth-of-Tay-Brücke ein. Sämtliche 75 Insassen des darüberfahrenden Zuges starben in den Fluten des eiskalten Tay-Fjordes.

Sein milder, zwischen Vanille und Eiche oszillierender Geruch kennzeichnet diesen Tropfen, der nicht angeben muss, weil er weiß, was er kann. Munden zum Beispiel, und das nicht zu knapp. Schillernd wie eine Ölspur zieht der hier probierte Glenrothes Select Reserve über die Gaumenstraße. Aromen von Malz, Karamell und süßsauren Früchten pflastern seinen Weg. Die 43 Umdrehungen sind wohldosiert und machen sich vor allem nach hinten heraus bemerkbar. Aus dem anfangs so sanften Destillat wird im Abgang ein wildes Pferdchen – oder um weiter mit dem Bleifuß zu winken: ein Bike mit abgesägtem Krümmer.

Von den Katastrophen, die Glenrothes im Laufe der Jahre treffen sollten, war jene im Mai 1922 die heftigste. Damals zerstörte eine Feuersbrunst die rund 2.500 Fässer des Lagerhauses 1. Der zum Teil brennende Whisky floss in den Rothes-Bach und brachte das gesamte Dorf in Aufruhr. Wer immer ein Gefäß zur Hand hatte, schöpfte die bernsteinfarbene Flüssigkeit aus dem Gewässer und labte sich an seinem Fund. Noch betrunkener als die Einwohner des Dorfes waren jedoch ein paar andere Lebewesen: das Vieh, das seinen Durst für gewöhnlich am Bach löschte, und natürlich die armen Fische, deren Lebenselixier sich jäh verwandelt hatte.

Geruch Vanille, Malz | **Geschmack** süß, fruchtfrisch | **Preisklasse** ** | **Varianten** diverse Jahrgänge (Vintage-Whiskys) und andere | www.theglenrothes.com

THE GLENROTHES
ESTᴰ 1879
GLENROTHES
DISTILLERY
THE GLENROTHES
SELECT RESERVE
SPEYSIDE SINGLE MALT SCOTCH WHISKY
alc. 43% vol. 700ml
CHARACTER: Ripe fruits, citrus, vanilla, hints of spice
APPROVED:
Malt Master
1879
Distilled and Bottled in Scotland. Berry Bros. & Rudd Ltd, 3 St. James's Street, London
PRODUCT OF SCOTLAND

56 Hakushu

Japanischer Single Malt, 12 Jahre, 43 %

Gegen Ende des 19. Jahrhunderts begann man sich auch in Japan für diesen fremden Schnaps zu interessieren, der den Schotten und Iren so vorzüglich gelang. Die ersten Sake-Brenner versuchten sich daran, Whisky zu produzieren. Maßgeblich verantwortlich für den Erfolg des asiatischen Experiments war ein Mann, der just in Schottland Chemie studiert hatte. Masataka Taketsuru errichtete 1923 die erste japanische Whiskybrennerei. Als Auftraggeber verantwortlich zeichnete der schwerreiche Weinhändler Shinjiro Torii, der seinerzeit dabei war, Japans größten Getränkekonzern aufzubauen: Suntory, heute ein Weltunternehmen.

Ein Resultat dieser intensiven kulturellen Aneignung ist der Hakushu (übersetzt: »weiße Sandbänke«). Zwar wird er rund 10.000 Kilometer entfernt von der schottischen Küste abgefüllt. Aber wirklich zu unterscheiden von seinen nordeuropäischen Vorbildern ist er nicht. Kein Wunder, verbreitet doch dieses Destillat mit dem Öffnen der Flasche sofort einen dezenten Torfgeruch. Aus dem grünen Behältnis fließt ein sehr heller, strohgelber Stoff ins Glas. Die Frische, die der Farbton verspricht, dominiert auch die Verkostung. Mit einem Hakushu auf der Zunge assoziiert man feuchtes Malz, Seeluft und reife Früchte. Ein Schuss Vanille rundet den weichen, freundlichen Gesamteindruck ab.

Dass der Whisky von Suntory inzwischen weltweit bekannt ist, liegt nicht zuletzt an einem berühmten Kinofilm. In »Lost in Translation« von Sofia Coppola spielt Bill Murray einen Werbeträger des Unternehmens. Als Bob Harris spult er seinen Slogan herunter und spült dazu seine Kehle – mit Suntory-Whisky. Sieben Jahre nach Sofia Coppolas Film gewann Suntory den »World Whiskies Award« und bei der »International Spirits Challenge« den Preis für den besten Single Malt sowie den als Destillerie des Jahres. Heutzutage ist Japan der zweitgrößte Produzent von Single Malt weltweit.

Geruch leicht rauchig | **Geschmack** frisch, fruchtig, jung | **Preisklasse** *** | **Varianten** diverse Jahrgänge | www.suntory.com

AGED 12 YEARS
THE HAKUSHU SINGLE MALT WHISKY
THE HAKUSHU SINGLE MALT WHISKY
AGED 12 YEARS
白州
HAKUSHU DISTILLERY

57 Hankey Bannister

Blended Scotch, 40%

So mancher billige Supermarktwhisky schmeckt mieser als die Cola, ohne die er gar nicht genießbar wäre. Hankey Bannister jedoch ist nicht nur preiswert, sondern auch unverdünnt genießbar. Komponiert aus diversen Single Malts und Grainwhiskys, begegnet er der Nase zunächst recht mild. Malz und ein Schuss Zitrone sind deutlich zu riechen, ohne jedoch penetrant zu wirken. Auch bei der Verkostung hält sich der junge, wohl maximal fünf Jahre gereifte Whisky zurück mit aufdringlichen Noten. Stattdessen schmeichelt er dem Gaumen mit ein wenig Süße, die ein Vanillearoma durchdringt. Kein wirklich großer Whisky, dieser Hankey Bannister, aber durchaus ein in Würde gealterter.

Man schrieb das Jahr 1757, als zwei von ihrem Naturell her sehr unterschiedliche Herren einen Wein- und Spirituosenhandel eröffneten. Beaumont Hankey galt als Salonlöwe der Londoner Gesellschaft. So extravagant sein Auftreten, so exklusiv seine Beziehungen. Rechnen allerdings gehörte nicht zu seinen Stärken, aber dafür hatte er ja seinen Partner. Hugh Bannister, nicht minder gentlemanlike, galt seinen Zeitgenossen als gewiefter Geschäftsmann, der die Zügel zusammenzuhalten wusste. Das perfekte Duo, könnte man sagen, und dementsprechend erfolgreich legten sie los. Schon William IV. (1765–1837) liebte den Blend von Hankey und Bannister. Unter King George V. (1865–1936) wurden ihre Nachfahren zu offiziellen Hoflieferanten des britischen Königshauses. Kein Wunder, dass Hankey Bannister in der ersten Hälfte des 20. Jahrhunderts in jeder ambitionierten Bar zu finden war. Vom Adel über Politiker bis zu Intellektuellen und Künstlern reichte die Anhängerschaft. Zu den dezidierten Fans gehörte neben dem Schriftsteller Evelyn Waugh (»Eine Handvoll Staub«) auch Premierminister Winston Churchill. Wie sein royales Oberhaupt ließ er sich seinen Spirit bis zur Haustür anliefern.

Geruch leicht malzig | **Geschmack** süßlich, Vanille | **Preisklasse** * | **Varianten** 12 Jahre | www.hankeybannister.com

1757
HANKEY
BANNISTER
BLENDED SCOTCH WHISKY
17 57
PURVEYORS OF THE FINEST
BLENDED SCOTCH WHISKIES
ORIGINAL
DISTILLED, BLENDED
AND BOTTLED IN SCOTLAND
MESSRS HANKEY AND BANNISTER PRESENT THEIR ORIGINAL BLEND OF FINE AND RARE SCOTCH WHISKIES. HAND-SELECTED FOR QUALITY AND CRAFTED WITH CARE TO CREATE A SMOOTH, LIGHT AND PERFECTLY BALANCED BLEND RENOWNED IN SOCIETY FOR OVER 250 YEARS.
B.HANKEY | H.BANNISTER
IWSC
GOLD
2014
Outstanding
700ml
40%vol.

58_Hibiki

Japanischer Blend, 43 %

Wie der Hakushu (siehe Nummer 56) stammt auch der Hibiki aus dem Hause Suntory. Das Konzept jedoch ist hier ein völlig anderes. Während Ersterer unter Beweis stellt, dass die Japaner es mit jedem schottischen Single Malt aufnehmen können, zielt dieser auf den Markt der geblendeten Whiskys. Halbe Sachen machen die Asiaten auch hier nicht. Im Gegenteil, der Hibiki Harmony gehört von seinem Rezept her (und preislich) zur Oberschicht des Blend-Segments. Das beginnt schon rein äußerlich bei der so aufwendig wie stilvoll gestalteten Flasche. Die 24 Facetten der Riffelung stehen für die japanischen Jahreszeiten. Das Label wiederum besteht aus Washi-Papier – handgeschöpftes Material aus echten Bastfasern, für das die zentraljapanische Provinz Echizen bekannt ist. Auch beim wichtigsten Element dieses Gesamtkunstwerks, dem Inhalt, wurde mit größtmöglicher Sorgfalt vorgegangen. Die zahlreichen für den Hibiki gekreuzten Single Malts durften ein würdiges Alter erreichen und besitzen deshalb genug Charakter, um beim Blending nicht unterzugehen. Zusammen mit den Grainwhiskys werden sie für den letzten Schliff in Fässern aus japanischer Mizunara-Eiche vermählt. Auch die Islay-Brennerei Bowmore (siehe Nummer 18) experimentierte bereits mit diesem raren Stoff, der den Whisky um feine Holz-, Vanille- und Kokosaromen bereichert.

Hibiki steht im Japanischen für »Chor« – passend zur Mehrstimmigkeit der verwendeten Blends. Zugleich jedoch bedeutet das Wort »Harmonie«, und ganz im Einklang mit sich selbst fühlt man sich auch bei der Verkostung dieses Whiskys. Wie der von Düften geschwängerte Wind eines Spätsommerabends zieht der Hibiki in die Nase. Mit dem ersten Schluck wandelt man durch eine gepflegte Orangerie, der ein kleiner, edel bestückter Kräutergarten angegliedert ist. Auch im Abgang schließlich gibt sich der Hibiki so dezent wie nachdrücklich: Reizender wurde Süßholz nie geraspelt.

Geruch floral-fruchtig | Geschmack Japanische Eiche | Preisklasse *** | Varianten diverse Jahrgänge | www.suntory.com

ウイスキー
響
HIBIKI
SUNTORY WHISKY
JAPANESE HARMONY
A meticulous blend of select finest whiskies

59__Highland Park

Single Malt Scotch, 12 Jahre, 40 %

In Kirkwall treiben sie seltsame Spielchen. Beim sogenannten Ba'Game versuchen die Süd- und Nordstädter (Uppies und Doonies), einen schweren Lederball durch die Gassen des Ortes zu jagen und irgendwie im Tor zu versenken. Weil diese »Tore« (eine Hauswand und das Hafenbecken) rund eine Meile auseinanderliegen, kann sich so ein Match einige Stunden hinziehen. Und weil es praktisch keine Regeln gibt, ähnelt die Sache einer archaischen Schlacht – ausgetragen ausgerechnet zu Weihnachten und zum Jahreswechsel. Dass man hier, auf den Orkneys, außerdem einen großartigen Whisky produziert, dürfte niemanden wundern.

Whiskypapst Michael Jackson nannte ihn einst den »größten Allround-Whisky in der Welt des Single Malt«. Der Mann meinte das keineswegs negativ, und er hatte unbedingt recht. Wer seine Karriere als Whiskyfan mit einem Highland Park startet, befindet sich auf einem sehr guten Weg. Am Anfang steht, für den Konsumenten, die Flasche. In diesem Fall ist sie oval und liegt beinahe so gut in der Hand wie ein herkömmlicher Flachmann. Nach dem Öffnen wird sich der deutsche Taster an eine ganz bestimmte Landschaft erinnert fühlen: die Lüneburger Heide. Highland Park, das ist flüssig gewordenes Heidekraut, abgemischt mit leckerem Malz und einem satten Schuss Raucharoma. So friedlich und zugleich lebhaft wie eine erikafarbene Heidelandschaft legt sich der Highland Park auch über die Geschmacksnerven. Erst nach hinten heraus zeigt er, dass er außerdem ordentlich Wumm hat. Einmal versenkt, bleibt der Gaumen ehrfürchtig prickelnd zurück, dem vollen Aroma dieses edlen Wässerchens hinterhersinnend.

Ba'Games wurden in keltischer Zeit möglicherweise mit Steinkugeln ausgetragen und hatten Tote und Verletzte zur Folge. Heutzutage enden die Spiele hingegen im Pub – mit einem Energydrink namens Highland Park in der Hand.

Geruch rauchig, torfig, Heidekraut | **Geschmack** Malz, kräftig-weich | **Preisklasse** ** | **Varianten** 15, 18, 25 Jahre und andere | www.highlandpark.co.uk

ESTD 1798
PRODUCT OF SCOTLAND
HIGHLAND
ESTD PARK 1798
SINGLE MALT SCOTCH WHISKY
40%vol
DISTILLED IN KIRKWALL
70cl
12 YEARS
A uniquely smooth, balanced single malt, with
a RICH FULL FLAVOUR and a gentle smoky finish
WHISKY MAKER
"WE GUARANTEE THIS WHISKY
TO BE DISTILLED SOLELY FROM
THE FINEST HOME GROWN MALT"
1798

60_Jack Daniel's

Tennessee Whiskey, 40 %

Als Lemmy Kilmister im Dezember 2015 starb, lieferte Jeff Arnett, der Master Distiller von Jack Daniel's, einen augenzwinkernden Nachruf: »Lemmy war seit den 1970ern unser wichtigster Kunde«, erklärte er, »die 80er Jahre hätten wir nie überstanden, wenn er nicht gewesen wäre.« Nicht ernst gemeint, aber auch nicht ganz falsch: Der legendäre Sänger von Motörhead trank seinen Leib- und Magenwhiskey von morgens bis abends und in rauen Mengen. Klischee und Realität fanden hier zueinander, der harte Kerl trank hartes Zeug. Tatsächlich ist Jack Daniel's Old No. 7 kein Kumpel, mit dem man zum Softball geht. Sondern eher einer, mit dem man auf dem Stoppelfeld eine Partie Rugby improvisiert. Weil das Destillat in innen angekokelten Weißeichenfässern lagert und vorher durch Holzkohle gefiltert wurde, entwickelt es eine gewisse Süße. Aber damit hat es sich dann auch schon in Sachen Sanftheit. Jack D. macht dir schnell klar: Er will dich kriegen! Ein bisschen aufdringlich vielleicht, aber durchaus auch mit einer sympathischen Energie und gehörigem Selbstbewusstsein.

Die amerikanischen Gesetze verlangen für Whiskey eine Reifezeit von mindestens zwei Jahren, bei Jack Daniel's gibt man allerdings noch ein weiteres drauf. Bemerkenswert, wenn man den gigantischen Ausstoß von an die 100 Millionen Litern jährlich bedenkt. Schon Gründervater Jack Daniel soll ein kerniger Typ gewesen sein. Stets trat er mit großem Hut, Krawatte, Weste und Gehrock in der Öffentlichkeit auf. Legendär auch sein Gespür für nachhaltiges Marketing, das unter anderem zu den unverwechselbaren quadratischen Flaschen führte. Der Old No. 7, benannt vermutlich nach Jacks Steuernummer, wurde zu seinem Erfolgsprodukt No. 1: ein Tennessee-Whiskey für Cowboys, der dir den Staub aus dem Gaumen fräst. Und wem das zu weh tut, der manscht halt Cola dazu.

Geruch süßlich, Tabak, fordernd | **Geschmack** scharf, schnapsig | **Preisklasse** * | **Varianten** Single Barrel, Green Label (4 Jahre, im Freien gelagerte Fässer) | www.jackdaniels.de

Old No.7 BRAND
JACK DANIEL'S
Old No.7 BRAND
Tennessee
SOUR MASH
WHISKEY
70cl 40% Vol.
DISTILLED AND BOTTLED BY
JACK DANIEL DISTILLERY
LYNCHBURG, TENNESSEE 37352 U.S.A.
EVERY DROP MADE IN LYNCHBURG TENNESSEE
QUALITY & CRAFTSMANSHIP SINCE 1866

61 Jameson

Irischer Blend, 40 %

Die ältesten je gefundenen Destillierapparaturen stammen aus Mesopotamien und wurden vor fast 6.000 Jahren benutzt. Die Whiskeybrennerei wurde zunächst in Irland heimisch, nachdem dortige Mönche Texte zur Alkoholdestillation aus dem Arabischen übersetzt hatten. 1793 übermittelt ein deutschsprachiges Buch folgendes Rezept zur Erzeugung von irischem »Usquebah«: »4 Loth Muscatennelken, 1 Loth Muscatennuss, 1 Loth weißen Ingwer, 1 Loth Kümmel, 1 Loth Sternanis, alles gröblich gestoßen, hierauf zwei Kannen Franzbranntwein in eine gläserne Flasche, noch dazu 6 Loth Rosinen, woraus zuvor die Steine gemacht sind, und 10 Loth Candis. Diese Flasche 14 Tage in einem warmen Ort stehen gelassen und täglich umgeschüttelt, dann ein paar Tage ruhen lassen und abgegossen. Der Satz kann mit 10 Loth Candis noch zwei Kannen Franzbranntwein in Usquebah verwandeln.« Klingt ein wenig gruselig. Vielleicht hätte der Autor die Jameson-Brennerei besuchen sollen, die seinerzeit immerhin schon 13 Jahre existierte.

Der dreifach destillierte Whiskey gleitet weich über die Zunge, sagt dem Gaumen zitrusfröhlich Hallo und rinnt dann mit einem satt-trockenen Abgang die Kehle hinunter. Jameson ist ein Weltmarktwhiskey, die irische Verkaufstabelle führt er souverän an. Bis 1971, fast 200 Jahre lang, wurde er in Dublin hergestellt, bevor sich die irischen Brennereien in Midleton bei Cork neu aufstellten. Um einen möglichst gleichbleibenden Geschmack des Endprodukts zu gewährleisten, wird Jameson aus verschiedenen Fässern verschiedenen Alters geblendet. Dem Genuss tut dies keinen Abbruch. Der Jamie ist, wie auch etwa der Paddy (siehe Nummer 82), ein ehrlicher irischer Arbeiterwhiskey. Im Gegensatz zu den Edelmarken verlangt er nicht ausdrücklich nach speziellen Whiskeygläsern. Einen Jameson kann man durchaus einfach mal aus dem Shotglas herunterstürzen – zum Beispiel, wenn man in seiner Stammkneipe beim Würfeln sitzt und trotz voller Biergläser die nächste Runde bestellt werden muss.

Geruch leicht karamellig, Vanille | **Geschmack** fruchtig, jung | **Preisklasse** *–** | **Varianten** verschiedene Jahrgänge | www.jamesonwhiskey.com

JQ-058548
JOHN JAMESON & SON LIMITED
JJ&S
JAMESON
Established
Since 1780
Triple Distilled
IRISH WHISKEY
TRIPLE DISTILLED, MATURED & BOTTLED IN IRELAND
THE BOW ST. DISTILLERY, DUBLIN 7, IRELAND

62_Jim Beam

Kentucky Bourbon, 4 Jahre, 40 %

Dient dieser Schnaps lediglich zum Pimpen einer Cola, oder führt er ein Eigenleben? Fühlt er sich ohne Eiswürfel nackt, oder steht er auch bei Zimmertemperatur seinen Mann? Die Antworten liegen wie so häufig im Auge oder besser: im Mund des Genießers. Wie das beim Bourbon so ist, reifte auch dieser Whiskey in neuen, innen ausgebrannten Weißeichenfässern. Der bourbontypische Vanillegeschmack tritt beim Jim Beam Original ein wenig zurück zugunsten von Mais und Süßholz. Recht arm an Komplexität wirkt auch der Abgang, der leicht medizinisch daherkommt. Sicher ist jedoch, dass es sich bei Jim Beam um eine genießbare Medizin handelt, die erst in größeren Mengen zu Schaden führt. Ein paar Kumpels beziehungsweise Freundinnen, eine Flasche Jim Beam und »was zu knabbern« sind eine schwer zu schlagende Verbindung.

Interessanter als die Verkostung ist die Historie des Whiskeys. Wie die Jeans durch den fränkischen Juden Levi Strauss in den Westen kam, so wurde auch der Jim Beam von einem Deutschen kreiert. Johannes Jakob Böhm erblickte 1760 in Pennsylvania das Licht der Welt, wohin seine Eltern acht Jahre zuvor ausgewandert waren. Wie diese entwickelte sich auch Johannes Jakob zu einem Bauern und Müller. Um 1792 herum erweiterte er seinen Hof um eine Wassermühle. Als Lohn für die Mahlerei erhielt er von seiner bäuerlichen Kundschaft Korn. Und um dieses nicht aufwendig lagern zu müssen, verarbeitete Böhm es zu Schnaps. 1795 brachte er sein erstes selbst gebranntes Fass Whiskey unter die Leute. Weil es offenbar gut ankam, wurde aus dem Bauern peu à peu ein hauptamtlicher Brenner. Und weil amerikanische Zungen Probleme mit deutschen Umlauten haben, benannten sich die Böhms bereits sehr früh um in Beam. Den Vornamen Jim wiederum erhielt der Whiskey erst 1933 zu Ehren von James (»Jim«) Beauregard Beam, der die Brennerei nach Ende der Prohibition wiederaufgebaut hatte.

Geruch Eiche | **Geschmack** süß, holzig | **Preisklasse** * | **Varianten** Rye, Honey, Apple und andere | www.jimbeam.com

James B. Beam
ESTD 1795
THE WORLD'S No. 1 BOURBON
JIM BEAM
JIM BEAM
B
SINCE 1795
KENTUCKY STRAIGHT
BOURBON
WHISKEY
James B. Beam
70 cl alc. 40% vol.

63 Johnnie Walker

Blended Scotch, 15 Jahre, 43 %

Nach Jack (Daniels) und Jim (Beam) nun also der Johnnie. Das Triumvirat der großen J hat viele Geschichten geschrieben und wurde in nicht minder zahlreichen verewigt. Marius Müller-Westernhagen schrieb im gleichnamigen Lied: »Johnnie Walker, jetzt bist du wieder da. / Johnnie Walker, ich zahl dich gleich in bar. / Johnnie Walker, du hast mich nie enttäuscht. / Johnnie, du bist mein bester Freund.« Die wehmütige Hymne eines Trinkers auf seinen Kumpel beziehungsweise Lieblingswhisky spielt mit dem Umstand, dass letzterer einen menschlichen Namen tragt. Aber wer war eigentlich dieser Johnnie Walker?

Geboren wurde er 1805 auf einer kleinen Farm bei Kilmarnock. 1819 eröffnete seine Mutter einen Gemischtwarenladen, in dem auch Whisky verkauft wurde. Später holte John seinen Sohn Alexander mit ins Geschäft, der eine kluge Idee hatte: die Erfahrungen des Tee-Blendens auf die nicht immer bekömmlichen Lebenswässerchen seiner Zeit anzuwenden. Der »Old Highland Whisky« erarbeitete sich einen gewissen Ruf, und es war auch Alexander, der die heute ikonischen eckigen Flaschen einführte (es ging dabei übrigens weniger um Ästhetik als um platzsparende, bruchsichere Lagerung). Sein ebenfalls Alexander getaufter Sohn brachte den Blend schließlich in die weite Welt. 1909 begründete ein Rebranding die Marke, die heute in aller Munde ist (zumindest verbal!): Johnnie Walker White, Red und Black Label wurden erstmals der Öffentlichkeit präsentiert, gemeinsam mit dem bis heute vom Label grüßenden Spaziergänger.

Während das Johnnie-Walker-Flaggschiff Red Label nicht viel hermacht, ist der Green Label ein ganz feiner Blend. Ausschließlich mit Single Malts angemixt, kombiniert er dezenten Rauch mit Heidekraut und einer Messerspitze Chili. Wer gern Marius' schönen Song hört, sollte sich deshalb unbedingt den Green Label des Hauses zum »besten Freund« machen.

Geruch leicht rauchig | **Geschmack** sanft-malzig | **Preisklasse** ** | **Varianten** diverse Farblabels, jeweils anders geblendet | www.johnniewalker.com

JOHNNIE WALKER.
GREEN LABEL.
Blended Malt Scotch Whisky
PRODUCT OF SCOTLAND
AGED 15 YEARS
700ml e 43% vol
JOHNNIE WALKER.
GREEN LABEL
Blended Malt Scotch Whisky
PRODUCT OF SCOTLAND
AGED 15 YEARS

64_Jura

Single Malt Scotch, 16 Jahre, 40%

Johannes »Johnny« Bruck (1921–1995) war ein deutscher Zeichner von Kultrang. Berühmt wurde er vor allem für seine Illustrationen der Perry-Rhodan-Groschenromane. 1.797 Titelbilder stammen aus seinem Atelier, darunter auch das allererste von 1961. Wenn so ein Mensch den Jura als seinen Lieblingswhisky bezeichnet, dann lohnt es sich sicherlich, dem einmal nachzuspüren.

Bereits 1810 war auf Jura eine erste Brennerei gegründet worden. Wie viele andere verfiel sie irgendwann, sodass man sich 1963 entschloss, an gleicher Stelle eine neue zu erbauen. Das keltische Symbol auf jeder Flasche bedeutet dementsprechend: Anfang. Im Gegensatz zum Superstition aus demselben Haus kommt der Diurachs' Own fast ohne Rauchanteile aus. Stattdessen wartet er mit einem dezenten Honigaroma auf, in das sich eine Messerspitze Vanille und geriebene Mandeln mischen. Diurachs' Own, benannt nach dem gälischen Wort für die Insulaner, evoziert im Mund einen angenehm süßen, malzig-ausgewogenen Geschmack. Träumt man dem Jura ein wenig hinterher, entstehen Bilder von salziger Erde, Wind und anlaufenden Wellen.

Die Isle of Jura liegt vor der schottischen Westküste. Der Name Jura stammt aus dem Altnordischen und bedeutet so viel wie »Hirsch«. Mehreren tausend dieser Tiere stehen lediglich ein paar hundert Einwohner gegenüber. Ein einsames Eiland, gesprenkelt mit ein paar Menhiren und den Überresten eisenzeitlicher Forts. George Orwell hat hier seine Dystopie »1984« geschrieben, er sprach vom »unerreichbarsten Ort der Erde«. Auch heute noch gelangt man nur per kleiner Fähre nach Jura, der Tourismus hat hier bislang keine größeren Spuren hinterlassen. Dementsprechend mau sieht es auch mit der Gastronomie aus. Wer auf Jura einen Jura trinken will, muss in den Hauptort Craighouse fahren, wo im Jura Hotel die einzige Bar der Insel steht.

Geruch Honig, Mandeln | Geschmack ölig, malzig | Preisklasse **–*** | Varianten Superstition (rauchig) und verschiedene Jahrgänge | www.jurawhisky.com

JURA
DIURACHS' OWN
1810
JURA™
DIURACHS' OWN
AGED 16 YEARS
SINGLE MALT SCOTCH WHISKY
70cl e Rich & Full-Bodied 40% vol

65 Kilbeggan

Irischer Blend, 40 %

Die zentralirische, zum County Westmeath gehörende Kleinstadt Kilbeggan hat sich einen Ruf als Whiskeyhochburg erarbeitet. Nicht zu Unrecht: Mit ihrem Gründungsjahr 1757 ist die Kilbeggan-Destillerie die älteste lizensierte Whiskey-Brennerei Irlands.
Erbaut auf den Resten eines ehemaligen Zisterzienserklosters am River Brosna, erlebte sie ihre wirtschaftliche Hochzeit gegen Ende des 19. Jahrhunderts. Aber auch in Westmeath schufen der Irische Unabhängigkeitskrieg (1919–1921) sowie die amerikanische Prohibition (1920–1933) große Absatzprobleme für die Brennereien. Die Konkurrenz durch billige schottische Blends gab den tapferen Iren schließlich den Rest: 1957, genau 200 Jahre nach der Gründung, wurden die Brennblasen in Kilbeggan stillgelegt. Glücklicherweise jedoch lebte vor Ort eine Handvoll Leute, die die uralte Lizenz weiter aufrechterhielt und sich liebevoll um die traditionsreichen Anlagen kümmerte.

Wiederum 50 Jahre später gelang die Wiederbelebung unter dem Dach der Cooley Distillery. Das Lebenswasser aus Kilbeggan gehört zu den preiswerten Whiskeys, ist aber nicht von schlechten Eltern. Der milde Geruch korrespondiert mit dem ersten Geschmackseindruck: Dieses Dram kommt an wie ein delikater Malzbonbon, der gleich auf der Zunge zergehen will. Und ziemlich genau so läuft es dann auch: Der Kilbeggan schmiegt sich zwischen Zähne, Gaumen und Zunge wie ein süßes Stück Konfekt. Es will noch ein wenig gestreichelt werden, bevor es weiterläuft und die Kehle in einen Zustand wohligen Genießens versetzt. Lange festhalten lässt sich der Moment indes nicht. Mit einem leicht pfeffrigen »farewell« – Kritiker sagen: mit alkoholischer Schärfe – verabschiedet sich der Kilbeggan ins Reich der Träume. Ein kurzer Genuss, wie ein Bonbon. Aber besser für die Zähne.

Geruch mild, malzig | **Geschmack** süß, leicht angepfeffert | **Preisklasse** * |
Varianten 8 Jahre (Single Grain) und andere |
www.kilbeggandistillingcompany.com

IRELAND'S OLDEST LICENSED DISTILLERY
1757
IRELAND'S FINEST WHISKEY
secret of our finest Irish Whiskey
oldest continually licensed distillery.
distilled for a fuller, smoother flavour.
MATURED & BOTTLED IN IRELAND
70 cl ℮
KILBEGGAN CO
DISTILLING

66 Kilchoman

Single Malt Scotch, 46 %

Die Kilchoman-Destillerie ist ein Kind des Whiskybooms der letzten zwei Dekaden. Die Anlagen im Nordwesten der Insel Islay wurden erst im Jahr 2005 eingeweiht. Die erste Flasche kam dann 2009 auf den Markt, und obwohl die Abfüllung kaum älter als die vorgeschriebenen drei Jahre war, ging sie für satte 5.400 Pfund an den neuen Besitzer.

Um sich auf dem umkämpften Markt zu positionieren, setzt man bei Kilchoman auf Handarbeit von A bis Z. Die Brennerei gehört zu einer ehemaligen Farm, deren Ertrag an Gerste in die Produktion eingeht. Direkt vor Ort wird das Getreide sodann eigenhändig gemälzt, eine Arbeit, die sich nur noch ganz wenige Destillerien zumuten. Der Torf kommt ebenfalls aus nächster Nachbarschaft, und destilliert wird in eigens für Kilchoman hergestellten, recht kleinen Brennblasen. Was im Arbeitsprozess an organischem Abfall anfällt, wandert in den hofeigenen Kuhstall – die Viecher freut's.

Wissen erweitert die Möglichkeiten des Genusses – wie in der Kunst, so auch beim Whisky. Wer also um die vielversprechenden Voraussetzungen des Kilchoman weiß, wird sich auf sein erstes Dram umso mehr freuen. Die Hausmarke Machir Bay fließt mit 46 Umdrehungen ins Glas. Rauchige Aromen docken an die Geruchsrezeptoren der Nase an und bereiten den Taster auf einen entsprechenden Schluck vor. Der Abgang eines Kilchoman zieht sich angenehm lange hin und kombiniert zwei nur scheinbar widersprüchliche Eindrücke miteinander: Vanilleeis und Zitronen. Süßsauer, würde man wohl andernorts sagen.

Machir Bay wird ursprünglich eine Bucht mit strahlend weißem Feinsandstrand im Westen der Insel genannt. Schwimmer sieht man dort recht selten, ein halb im Sand versunkenes Schiffswrack dient als Abschreckung. Für einen erfrischenden Spaziergang ist dieser Beach hingegen ideal, und wo er enden könnte, liegt auf der Hand: im Besucherzentrum von Kilchoman.

Geruch rauchig | **Geschmack** Torf, süßsauer | **Preisklasse** ** | **Varianten** 100 % Islay (weniger Rauch) und andere | www.kilchomandistillery.com

MACHIR BAY
UNIQUELY ISLAY
KILCHOMAN
Islay's Farm Distillery
ISLAY SINGLE MALT SCOTCH WHISKY
JOHN McLELLAN · DISTILLERY MANAGER
ANTHONY WILLS · FOUNDER
MACHIR BAY
700 ml e
DISTILLED, MATURED AND BOTTLED BY KILCHOMAN DISTILLERY
46% alc./vol.

67 Kininvie

Single Malt Scotch, 23 Jahre, 42,6 %

Im Grunde könnte man anzweifeln, dass es sich bei Kininvie um eine eigene Brennerei handelt. Schließlich wurden die entsprechenden Produktionsanlagen auf dem Gelände von Balvenie errichtet (siehe Nummer 13). Dass man bei Kininvie über keine eigene Mälzerei verfügt, gilt heute allerdings nicht mehr als Indiz für Unselbstständigkeit. Befremdlicher hingegen, dass auch die Maische nicht hier angesetzt wird, sondern über eine 200 Meter lange Rohrleitung vom Balvenie-Areal herüberfließt. All dies deutet darauf hin, dass es den Eignern Grant & Sons nicht um die Etablierung eines neuen, festen Standbeins ging, als man 1990 mit der Produktion loslegte. Eher handelt es sich um ein kleines Label im größeren Verbund von Balvenie und Glenfiddich. Und als solches dient der Kininvie nicht zuletzt der Veredelung manch anderer Söhne des Hauses. Unter anderem gehört er zum Team der preiswerten Blends Clan MacGregor und Monkey Shoulder (siehe Nummer 79).

Dem Geburtsdatum entsprechend kam der Kininvie erst in jüngster Zeit auf den Markt. Nach drei »Hazelwood« getauften Ausstößen werden seit 2013 rare 23-Jährige angeboten, so der hier präsentierte aus dem Batch Nummer 3. Selten heißt meistens teuer, und so ist es auch in diesem Fall. Aber bedeutet es zugleich auch gut? Mit seinen rund zwei Dutzend Lenzen (die Jahre in der Flasche hinzuaddiert) gehört der Kininvie zu den Altstars der Szene, und dementsprechend gelassen präsentiert er sich auch. Mit lässiger Geste wedelt er Blumenduft in die Nase. Das vielschichtige Früchtekompott scheint Pfirsiche als Hauptobst zu führen, die aber wiederum mit diversen durchaus pfeffrigen Gewürzen interagieren. So ein Kininvie spielt eine Art Pingpong mit den Geschmacksknospen. Und nach dem ersten Satz freut man sich bereits so auf den nächsten, dass man bereit ist, über die volle international gängige Distanz zu gehen: vier Gewinnsätze.

Geruch groß, lässig | **Geschmack** gepfefferte Pfirsiche | **Preisklasse** *** | **Varianten** diverse Jahrgänge | www.williamgrant.com

KININVIE
23
Years Old
Distillery KININVIE
23

68_ Knob Creek

Kentucky Straight Bourbon, 50 %

Die Macher des Knob Creek setzen auf das Flachmann-Design. Diese 70 Zentiliter hält man wie ein silbernes Reisegebinde in der Hand. Mit ein wenig Frickelei passt es wahrscheinlich sogar in die meisten Brusttaschen – falls sich die Notwendigkeit einmal ergibt ... Ein bisschen Übung braucht man auch für das Öffnen des »Knob Creek«. Die wachsartige Siegelhaube lacht die Fingernägel einfach aus und verlangt stattdessen nach einem zünftigen Messer. Das Label schließlich – bedruckt mit einem Faksimile der Knob Creek News von 1935 – erinnert an den alten Ritus, Flaschen ab Brennerei in »yesterday's papers« zu verpacken.

Seitlich wirbt das Etikett nicht um die ganz harten Jungs, sondern betont die »Smoothness« des Knob Creek. Dass dieser Bourbon tatsächlich sehr zarte Tentakel hat, verbirgt er jedoch zunächst hinter seinen 50 Volumenprozent. Aber wer sie erst mal besiegt hat (oder ein bisschen Wasser beimischt), der kommt in den Genuss eines wunderbaren Getränks. Obwohl die »9« während eines Re-Designs verloren ging, hat der Knob Creek angeblich noch immer mindestens so viele Jahre auf dem Buckel. Die Fässer, in denen er zur Reifung gelangte, dominieren deutlich den Geschmackscocktail. Eine Runde Knob Creek ist wie ein Spaziergang durch einen urigen, feucht-fruchtbaren Eichenwald. In diesem Whiskey wirkt das Holz nach, seine Rinde und sogar das einst hier geflossene Blut namens Gerbsäure.

»My earliest recollection is of the Knob Creek place«, schrieb Abraham Lincoln. Der spätere amerikanische Präsident verbrachte seine frühe Kindheit in der nach einem kleinen Fluss benannten Region. Noch als erwachsener Mann erinnerte sich Lincoln daran, wie er die Maisernte der elterlichen Farm zur Mühle brachte. Der erste Knob-Creek-Whiskey erblickte zwar erst 1992 das Licht der Welt. Aber der Mais für den Bourbon wächst noch immer unter demselben Himmel.

Geruch voll, Eiche | **Geschmack** Holz, würzig, pfeffrig | **Preisklasse** ** | **Varianten** Rye, Smoked Maple | www.knobcreek.com

KNOB
CREEK
kentucky straight bourbon
WHISKEY
SMALL batch
patiently aged
70cl ALC. 50% VOL.
KNOB
CREEK

69_Lambertus

Belgischer Single Grain, 10 Jahre, 40 %

Die Belgier waren einfach schneller. Schon bevor sich abzeichnete, dass Whisky eine weltweite Renaissance erleben würde, wagte man in Raeren die ersten Schritte. 1998 war das, und weil man sich in der Brennerei Radermacher nicht mit einem Dreijährigen zufriedengeben wollte, kamen die ersten Flaschen im Jahr 2008 auf den Markt. Mit dem Brennen begonnen hat das kleine Familienunternehmen jedoch schon viel früher. Es war der Landwirt Peter Radermacher, der 1836 die Produktion von Schnäpsen und Aufgesetzten aufnahm. Als entschiedene Nazigegner stellten die Radermachers den Betrieb während der deutschen Besatzung vorläufig ein, um dann nach 1945 einen belgischen Genever zu etablieren. Lambertus, der belgische Whisky, komplettiert inzwischen das breite Programm.

Das alte Töpferstädtchen Raeren liegt am Fuße des Hohen Venns, deshalb lagern die Fässer hier unter beinahe schottischen Bedingungen. Regen ist in dieser Region nicht die Ausnahme, sondern die Regel. Neben einem klassischen Single Malt ist ein Single Grain im Angebot, ein Destillat also aus verschiedenen ungemälzten Getreiden. Der Lambertus, so genannt nach dem Gründervater gleichen Vornamens, wirkt trotz seines fortgeschrittenen Alters wie ein junger Springinsfeld. Obwohl vor mindestens einer Dekade gemaischt und gebrannt, mischen Gerste und Roggen noch kraftvoll mit im Spiel der Aromen. Ein Spritzer Zitrone tut der »Smoothness« des ersten Schlucks keinen Abbruch. Dieser zugleich etwas nussige Belgier schmeichelt Zunge und Gaumen, nicht wie ein Schleimer, sondern eher wie ein eleganter Verführer. Einer, an den man nach seinem Besuch gern zurückdenkt.

Die Radermacher-Destillerie residiert in der Raerener Spitalstraße. Aber damit hier keine Irritationen aufkommen: In diesem Spital verschreibt man ein nicht nur wirksames, sondern auch sehr bekömmliches Medikament.

Geruch Getreide, Nüsse | **Geschmack** weich, getreidig | **Preisklasse** ** | **Varianten** Single Malt | www.lambertus.org

LAMBERTUS
2
LAMBERTUS
BELGIAN SINGLE
GRAIN WHISKY
AGED
10 YEARS
DISTILLED, MATURED &
BOTTLED IN BELGIUM
40% VOL
70 CL

70 Laphroaig

Single Malt Scotch, 48 %

An diesem Whisky scheiden sich die Geister. Ungenießbar, sagen die einen; großartig, schwören hingegen die anderen. Zweifellos ist es ein spezieller Duft, der einem beim Öffnen einer Laphroaig-Flasche entgegenströmt. Der erste Schluck wiederum erinnert an den urtümlich-schottischen Mutterboden. Kein Wunder, denn hinter dieser intensiven Sinnlichkeit steckt der Torf der Insel Islay. Die Brennerei aus dem Süden des Eilands lässt das Material unweit der Destille eigens stechen, um damit ihre gekeimte Gerste zu darren. Im ersten Moment mag man bei der Verkostung an einen Räucherschinken denken. Algen, Moos und Teer sind ebenso mit im Spiel. Lange Zeit war Torf aus der Mode gekommen – zu schlecht sein Brennwert, zu mühselig seine Beschaffung. Inzwischen jedoch hat man seinen Wert bei der Geschmacksbildung des Whiskys erkannt. Und Laphroaig ist eine der Brennereien, die mit Torf lieber klotzt als kleckert.

Die Inneren Hebriden lagen weit genug abseits der Metropolen, um auf Islay eine lebhafte Schwarzbrenner-Wirtschaft gedeihen zu lassen. Auch die beiden Brüder Donald und Alex Johnston wussten ihre Ernte noch anders als zum Brotbacken zu nutzen. So entstand zu Anfang des 19. Jahrhunderts (wahrscheinlich ab 1826) eine Destillerie, die über 100 Jahre lang in den Händen einer einzigen Familie bleiben sollte. Als sich kein Nachwuchs mehr einstellen wollte, übernahm die Sekretärin Bessie Williamson das Zepter – als erste Frau an der Spitze eines Whiskykonzerns.

Der hier präsentierte Laphroaig reift in Ex-Bourbonfässern, bevor er sein Finish in Quarter Casks (50 Liter, ein Viertel des American Standard Barrel) erhält. Tradierter Ehrgeiz paart sich auf Islay mit handwerklichem Geschick. Dem Laphroaig muss man erst einmal »auf den Geschmack kommen«, bevor man zum Liebhaber wird. Danach jedoch befindet man sich sogar in royaler Gesellschaft: Als einer seiner größten Fans gilt der englische Thronfolger Prince Charles.

Geruch Rauch, Seetang | **Geschmack** Torf, Meersalz | **Preisklasse** ** | **Varianten** Triple Wood, Select, 18 Jahre und andere | www.laphroaig.com

ESTABLISHED
BY APPOINTMENT TO HRH THE PRINCE OF WALES,
DISTILLER AND SUPPLIER OF SINGLE MALT SCOTCH WHISKY,
D. JOHNSTON & CO., (LAPHROAIG) ISLE OF ISLAY
LAPHROAIG®
ISLAY SINGLE MALT
SCOTCH WHISKY
QUARTER CASK
THE PERFECT MARRIAGE OF PEAT AND OAK
The most richly flavoured of all Scotch whiskies
ESTD 1815 ESTD
DISTILLED AND BOTTLED IN SCOTLAND BY
D. JOHNSTON & CO., LAPHROAIG DISTILLERY, ISLE OF ISLAY
70cl ℮
48% vol

71_Ledaig

Single Malt Scotch, 10 Jahre, 46,3 %

Der kleine Fischerort Tobermory liegt auf der Insel Mull vor der schottischen Nordwestküste. Sein Name leitet sich ab von gälisch Tobar Mhoire (»Brunnen der heiligen Maria«). Er fand auf verschiedenste Weise Eingang in die Populärkultur. So heißt zum Beispiel einer der Wombles nach dem Dorf, und der auf einem Roman von Alistair MacLean basierende Film »Das Mörderschiff« (1971, unter anderem mit Anthony Hopkins) wurde hauptsächlich dort gedreht. Die Destillerie von Tobermory besteht bereits seit 1798 und gehört damit zu den ältesten offiziellen Whiskybrennereien überhaupt. Im Laufe ihrer Geschichte jedoch war sie ungefähr genauso lange geschlossen wie offen. Erst seit 1993 wird hier wieder kontinuierlich produziert, unter anderem ein 10-jähriger Single Malt namens Ledaig. Geschmacklich macht der Ledaig seinen Kollegen von der Insel Islay Konkurrenz. Das heißt, hier ist während des Darrens jede Menge Torf im Spiel. Das überm Torffeuer getrocknete Malz kämpft sich im flüssigen Endprodukt nachhaltig an die Oberfläche. Während des Abgangs könnte man meinen, dass die Jungs in Tobermory zudem ordentlich Pfeffer in die Fässer gegeben haben. Trotz der spürbaren Schärfe des Whiskys wird die Kehle nicht narkotisiert, sondern erfreut sich an einem langen rauchigen, plötzlich auch ein wenig buttrigen Abgang.

Bekannt ist, dass in Tobermory 1829 der Komponist Felix Mendelssohn-Bartholdy weilte. Ob er einen örtlichen Whisky trank, ist allerdings nicht belegt. Noch unsicherer ist die Faktenlage bezüglich einer Legende, die sich um das Dorf rankt. Diese besagt, dass irgendwo im Schlamm der Tobermory Bay ein spanisches Schiffswrack voller Gold liegt. Immer mal wieder wurde danach getaucht, gefunden hat man nie etwas. Moderne Digger kommen heute aus einem anderen Grund nach Mull: Sie treibt es zum flüssigen Gold der Brennerei.

Geruch torfig, maritim | **Geschmack** Rauch, Malz, Butter | **Preisklasse** ** | **Varianten** Tobermory 10 Jahre, Ledaig 18 Jahre und andere | www.tobermorydistillery.com

EST.
1798
LEDAIG
AGED 10 YEARS
SINGLE MALT SCOTCH WHISKY
WONDERFULLY PEATED
THE ISLE OF MULL
Distilled and Bottled by Tobermory Distillers Limited
46.3%Vol 70cl
ISLE OF MULL

72 Loch Lomond

Single Malt Scotch, 40 %

Loch Lomond ist der Name jenes schottischen Sees, der die Low- mit den Highlands verbindet. Einst existierten hier zahlreiche Whiskybrennereien, die älteste legale nahm ihre Arbeit im Jahr 1814 auf. Heute muss man an den äußersten Südzipfel wandern, nach Alexandria, um den letzten Vertreter dieses hehren Handwerks anzutreffen. Früher dominierten in der kleinen Stadt die Baumwollmanufakturen, seit 1964 jedoch macht man hier in Wasser und Getreide. Eine bunte Mischung verschiedener Brennblasen ermöglicht die Produktion diverser Brands, so etwa der »Reserve« mit Malt- und Grainanteilen.

Loch Lomonds preiswertes Flaggschiff jedoch ist der »Original«. Sehr dominant entfaltet sich nach dem Öffnen der Flasche der Duft von feuchter Eiche. Obwohl man Süße natürlich eher schmeckt als riecht, schwimmt auch sie schon vor dem ersten Schluck mit auf der Palette der Eindrücke. Und da ist noch etwas: Leder, das Sofa eines alten Schottenschlosses, ein wenig in die Jahre gekommen, aber sehr repräsentativ. Einige Dekaden bevor der erste Loch Lomond auf den Markt kam, existierte er bereits in der Literatur. Captain Haddock aus der Comicserie Tim und Struppi (im französischsprachigen Original: Tintin) sprach dem fiktiven Loch-Lomond-Wässerchen stärker zu, als ihm guttat. Ob Zeichner Hergé bereits der etwas zähflüssige, mit Nuss- und Kaffeearomen jonglierende Loch Lomond von heute vorschwebte, ist jedoch nicht bekannt.

Zwar geistert in den Tiefen des gleichnamigen Sees kein Ungeheuer herum wie im bekannteren Loch Ness, aber legendär ist das lang gestreckte Becken allemal. »The Bonnie Banks o' Loch Lomond«, ein Gedicht aus dem 19. Jahrhundert, avancierte nicht nur zum beliebten schottischen Volkslied. Auch die Deutschen entdeckten es: Seit vielen Jahren dient eine kölsche Übersetzung dem 1. FC Köln als Stadionhymne.

Geruch Eiche, süß | **Geschmack** Nüsse, Kaffee | **Preisklasse** * | **Varianten** Reserve (Malt- und Grain-Blend), verschiedene Jahrgänge und andere | www.lochlomondgroup.com

LOCH LOMOND WHISKIES
ORIGINAL
MALT SCOTCH

73 Longmorn

Single Malt Scotch, 40 %

Die zweite Hälfte des 19. Jahrhunderts war eine gute, eine wichtige Phase der Whiskyhistorie. In den 1860er Jahren begann die Zeit der Blends, und damit stieg auch der Bedarf an jenen Single Malts und Grainwhiskys, die für deren Komposition nötig waren. Einer der Pioniere jener Phase war der 1842 geborene John Duff. Nachdem er zunächst ein Hotel in Aberdeenshire geführt hatte, gründete er ab 1876 eine Brennerei nach der nächsten. Auf zehn erfolgreiche Jahre mit der Glenlossie-Destillerie folgten grandiose Misserfolge in Kapstadt/Südafrika und Kentucky/USA. Zurück in Schottland, machte John jedoch unverdrossen weiter. Er gründete BenRiach (1898, siehe Nummer 15) und, vier Jahre zuvor, Longmorn.

Die Speyside-Brennerei wurde nahe Elgin auf dem Gelände einer alten Kapelle errichtet. Doch auch der ehemals geweihte Boden brachte John Duff kein Glück. Letztendlich musste er im Rahmen der Whiskyrezession gegen Ende des Jahrhunderts all seine Besitztümer verkaufen. Die Anlagen in Longmorn jedoch produzierten weiter – und gehören heute zu den ganz wenigen, die über die Jahre nie abgestellt werden mussten.

Weil der Hauptanteil der Longmorn-Produktion noch immer in Blendings aufgeht, bilden der 16-Jährige und sein ebenbürtiger Nachfolger, die Distiller's Choice, die einzigen Originalabfüllungen der Traditionsbrennerei. Wie alle edlen alten Tropfen protzt auch letzterer beim Nosing nicht mit der Kraft, die ihm innewohnt. Die 40 Volumenprozent betten sich in ein weiches Feld. Butterkekse scheinen darauf zu wachsen, und ganz sicher sind ein paar vom Meer kommende Winde darübergezogen. Cremig-seidig steigt der Longmorn ins Tasting ein, bevor sich Schokolade, reife Orangen und warme Malzbonbons an die Arbeit machen. Eindrucksvoll wie das Bukett auch der Abgang: Ein Longmorn verabschiedet sich würdigen Schrittes, edel-schlicht, aber lange nachhallend.

Geruch Toffee, Meer | **Geschmack** Schokolade, Eiche | **Preisklasse** *** | **Varianten** Distiller's Choice (dreifache Fassreifung) | www.longmornbrothers.com

DISTILLER'S CHOICE
LONGMORN
ESTD 1894
DISTILLERY
ESTD 1894
LONGMORN
SPEYSIDE
SINGLE MALT SCOTCH WHISKY
70cl℮
40%vol
TO CRAFT THIS EXCEPTIONALLY BALANCED AND ELEGANT MALT WHISKY, THREE TYPES OF CASK ARE EXPERTLY COMBINED TO CREATE AN EXQUISITELY SMOOTH AND CREAMY MALT, WITH SUBTLE SPICE NOTES.
THE DISTILLER'S CHOICE
SINGLE MALT
SCOTCH WHISKY

74 The Macallan

Single Malt Scotch, 12 Jahre, 40 %

James Bonds großer Rivale in »Skyfall« ist der von Javier Bardem gespielte Raoul Silva. Als 007 dem Cyberterroristen erstmals begegnet, bekommt er seinen Lieblingsdrink serviert: einen 50 Jahre alten Macallan. Im Laufe des Films wird das Product Placement noch zwei weitere Male zuschlagen – ebenso wie in der Anwaltsserie »Suits«, wo Hauptdarsteller Harvey Specter regelmäßig Macallan kippt.

Immerhin bewerben die beiden Anzugträger ein ausgesprochen werthaltiges Produkt. Der Weiler Easter Elchies, wo dieser Whisky gebrannt wird, gehört zum Dorf Craigellachie. Rund um ein archaisches Herrenhaus von 1700 wurde hier 1824 erstmals Lebenswasser destilliert. Lange Zeit lediglich ein Blend-Ingredienz, begann man ab den 1960ern damit, den Macallan auch solo zu präsentieren. Neben dem hier vorgestellten 12-jährigen Fine Oak offeriert die Destillerie heutzutage diverse weitere Abfüllungen.

So ein Macallan hinterlässt schöne saubere Ränder, wenn man ihn im Glas ein bisschen zum Tanzen bringt. Die Sherryfässer, in denen er einst reifte, sind noch immer sehr präsent. Mit ihren fruchtigen Tentakeln docken sie als Erste an die Geruchsrezeptoren des Tasters an. Orangen, vor allem ihre Schale, sowie Gewürze von Ingwer bis Zimt bringen sich auch recht bald ins Spiel. Die leicht ölige Konsistenz des Macallan sorgt dafür, dass Zunge und Gaumen mit einem seidigen Film überzogen werden. Man tut gut daran, die sämige Flüssigkeit für einen Moment dort verweilen zu lassen. Der durchaus kräftige, leicht schnapsige Abgang macht die Sache schließlich zu einer runden.

Am Ende von »Skyfall« bringt James Bond (Daniel Craig) die von Silva bedrohte M (Judi Dench) ins schottische Hochland. Im Final Countdown stirbt die arme M, aber Bond gelingt es immerhin, Silva zu töten. Danach, so stellen wir uns das vor, gießt er sich wieder einen Macallan ein.

Geruch Früchte, Eiche | **Geschmack** Sherry, fruchtig | **Preisklasse** *** | **Varianten** verschiedene Jahrgänge | www.themacallan.com

12
YEARS
OLD
EST. 1824
The
MACALLAN
FINE OAK
TRIPLE CASK MATURED
12
TWELVE YEARS OLD
700 ml

75 Mackmyra

Schwedischer Single Malt, 41,4 %

Klingt irgendwie schottisch, dieser Name. Aber das »k« irritiert, da stimmt etwas nicht. Und richtig: Dieser Whisky stammt nicht von den Kelten, sondern von den Wikingern. Und der Name ist nicht gälisch, sondern setzt sich zusammen aus den schwedischen Worten für »Eulenfalter« und »Sumpf«. Wie so häufig bei jungen Brennereien war es ein Freundeskreis, der die Idee gebar, einen eigenen, schwedischen Whisky zu kreieren. 1998 war das, aber Whisky braucht eben seine Zeit. Zehn Jahre verstrichen, bevor die ersten serienmäßig produzierten Flaschen in den Handel kamen. Inzwischen existiert eine recht breite Palette verschiedener Brände, darunter der Vit Hund (Destillat vor Fasslagerung, also quasi Poitin) und ein deutlich pfeffriger und rauchiger Single Malt wie der Svensk Rök. Die Mackmyra Brukswhisky getaufte Hausmarke (international vertrieben als Mackmyra – The Swedish Whisky) kommt dagegen vergleichsweise mild daher. Das schwedische Wässerchen springt die Nase mit jugendlicher Frische an, ein Eindruck, der sich beim Trinken fortsetzt. Saure, saftige Äpfel schwimmen ganz obenauf, gefolgt von einem Schuss, tja, Amaretto. Der Abgang schließlich ist kurz und schmerzlos – junge Hunde sitzen nicht lange still.

Edle Zutaten und echtes Handwerk sind bei Mackmyra Ehrensache. Das Wasser wird einem Felsquell entnommen, die süße Gerste auf schwedischen Feldern geerntet. Und für die Lagerung benutzen die Nordmänner vor allem einheimische Eiche – ein Baum, der hier oben sehr langsam wächst und dem Destillat seinen individuellen rauen Stempel aufdrückt. Das kleine Dorf Mackmyra liegt nahe der schwedischen Ostküste, nicht fern der Ostsee also. Bis Glasgow mögen es gut 1.200 Kilometer Luftlinie sein. Aber vom Breitengrad her ist man hier von der schottischen Whiskyheimat gar nicht so weit entfernt: Mackmyra liegt etwas nördlicher als die Highlands, ungefähr auf der Höhe der Shetlandinseln.

Geruch jung, fruchtig | Geschmack frisch, herausfordernd | Preisklasse ** | Varianten Svensk Ek, Svensk Rök (rauchig) | www.mackmyra.com

MACKMYRA
41.4% ALC. BY VOL. • VOLUME 70 cl
THE SWEDISH WHISKY
Bruks

76 Maker's Mark

Kentucky Straight Bourbon, 45 %

Dank der aufwendigen Verkleidung beginnt der Spaß mit dem Maker's Mark bereits beim Anblick und Öffnen der Flasche. Das antik-archaisch gestaltete Etikett und die Wachsversiegelung, die in Tropfenoptik über den Flaschenhals fließt, deuten es an: In Loretto/Kentucky ist man stolz auf seine »craftsmanship«, die Handwerkskunst. Jede Flasche wird einzeln und per Hand ins rote Bad getaucht und so zu einem Unikat. Seit der ersten, 1958 verkauften Pulle verfährt man so. Und inzwischen läuft dieses Siegelwachs sogar unter einem eigenen Warenzeichen.

Zwischenzeitlich hatte es in Kentucky Überlegungen gegeben, den Alkoholgehalt von 45 auf 42 % zu senken. Das hätte zwar zu einem größeren Ausstoß geführt, das Original jedoch auch deutlich verfälscht. Neben dem kräftigen Alkoholeindruck sind es vor allem saftige Holznoten, die das erste Nosing anleiten. Maker's Mark wird ohne Roggen, dafür jedoch mit einem gehörigen Anteil Winterweizen angemaischt – neben Gerstenmalz und dem bourbontypisch dominanten Mais, versteht sich. Die Mischung macht, dass das Endprodukt nicht zuletzt nach kräftig-würzigen Mürbekeksen schmeckt, in deren Teig verschiedene Nüsse gemengt wurden. Die bei den meisten Bourbons übliche Süße fehlt hingegen gänzlich.

Der wohl wichtigste Mensch hinter dem Maker's Mark ist Margie Samuels, Frau von Bill Samuels senior. Bill führte das Familienunternehmen in sechster Generation und setzte den Whiskey nach einem »alten Familienrezept« neu auf. Aber seine Gattin entwarf nicht nur die Flasche und das Label dieses Kentucky Bourbons. Sie hatte auch die Idee mit dem Wachs. Und um die Sache rund zu machen: Auf Margie geht auch der Name des Whiskeys zurück. Die umtriebige Frau sammelte feines englisches Zinngeschirr und war beeindruckt von den individuellen Gravuren des Schmieds. Und so was nennt man auf Englisch: »Maker's Marks«.

Geruch Holz, würzig | **Geschmack** Kekse, Nüsse | **Preisklasse** *–** | **Varianten** Maker's 46 (französisch Dauben), Cask Strength | www.makersmark.com

Maker's Mark
KENTUCKY STRAIGHT
BOURBON WHISKY
HANDMADE
DISTILLED, AGED AND BOTTLED BY THE
MAKER'S MARK DISTILLERY, INC.
STAR HILL FARM, LORETTO, KY. USA
70cl. 45%alc./vol.

77 Manhattan

Cocktail auf Whiskybasis

Der Gründungsmythos des Manhattan geht zurück auf das Jahr 1874. Demnach wurde der berühmteste Cocktail auf Whiskybasis während einer Party für den demokratischen Gouverneur und Präsidentschaftskandidaten Samuel J. Tilden im New Yorker Manhattan Club erfunden. Die Gastgeberin damals: niemand Geringeres als die amerikanische Millionärstochter Jennie Jerome, verheiratete Churchill. Im Laufe der Nacht wurde – spontan – ein neuer Cocktail kreiert. Und weil das Fest als so rauschend in Erinnerung blieb, wurde aus dem zunächst namenlosen Drink der Manhattan.

Wie bei einem alten Rezept nicht anders zu erwarten, existieren zahlreiche Varianten. Der klassische Manhattan jedoch setzt sich zusammen aus zwei Teilen Bourbon (Rye oder Scotch tun es natürlich auch), einem Teil rotem Wermut/Vermouth und zwei Spritzern Angosturabitter, wie er sich in jeder gut sortierten Bar findet. Zur Kühlung in Eis verrührt und danach gesiebt, gelangt der Mix sodann in ein feinstieliges Martiniglas.

Als Krönung schließlich wird eine leuchtend rote Cocktailkirsche in den Drink gegeben. Sieht anmutig aus, aber Vorsicht: Da er vergleichsweise hochprozentig ist und aufgrund der trockenen Bitterkeit ist so ein Manhattan allerdings eher etwas für harte Jungs und Mädels.

Ohne die Legende entzaubern zu wollen, hier dennoch der Vollständigkeit halber die faden Fakten: Zum Zeitpunkt der besagten Party befand sich Lady Churchill definitiv nicht in New York. Sondern in Frankreich und in anderen Umständen – mit dem im November 1874 geborenen Winston. Was den damaligen Partymittelpunkt Samuel J. Tilden angeht: Er unterlag bei den Wahlen 1876 unter dubiosen Umständen dem Republikaner Rutherford B. Hayes. Und um der Story noch die Cocktailkirsche aufzusetzen: Als eine seiner ersten Amtshandlungen verbannte Hayes auf Betreiben seiner gestrengen Gattin (»Lemonade Lucy«) Tabak und Alkohol aus dem Weißen Haus.

78_Mekhong

Thailändischer Blend, 35 %

Melasse entsteht bei der Produktion von Zucker aus Zuckerrohr. Aus dem zähen tiefbraunen Nebenerzeugnis wird unter anderem reiner Alkohol für industrielle und medizinische Zwecke gewonnen. Aber auch Spirituosen können davon profitieren. Durchaus häufig wird der Mekhong als Whisky bezeichnet, aber darüber streiten nicht nur die Götter geistiger Getränke. Neben dem erwähnten Hauptrohstoff fließt vor allem Reis in die Maische – zumindest ein Getreide ist also mit von der Partie, wenn auch angeblich nur zu 5 %. Die Flasche selbst hält sich bedeckt, was die Bezeichnung ihres Inhalts angeht. Von »thailändischem Spirit« ist da die Rede, im weitesten Sinne von Schnaps also. Das Blending des Destillats erfolgt sodann mit einer geheimen Gewürz- und Kräutermischung, die Flaschenabfüllung ohne vorherige Fassreifung.

Sagen wir es so: Dieses Getränk schmeckt wie eine ungewohnte, aber nicht unangenehme Mischung aus Whisky, Rum und einem asiatischen Kräuterbrand. Während manche Konsumenten auf Cola als die Bekömmlichkeit förderndes Ergänzungsmittel setzen, kann der Mekhong in mancher Hinsicht auch pur punkten. Wer will, kann sogar so etwas wie Malz herausriechen. Feldarbeit scheint in der Luft zu liegen beim Verkosten, aber auch der Müßiggang eines warmen Sonntagnachmittags. Des Mekhongs Süße wirkt lange nicht so aufdringlich wie bei vielen Likören, und die gerade einmal 35 Umdrehungen schützen vor alkoholischen Überfällen. Bei 35 Grad im Schatten jedoch kann dieser Thaischnaps definitiv zu einem gefährlichen Buschräuber werden. Und die Antwort auf die leidige Frage, um was es sich hier nun handele, überlassen wir Shane MacGowan von den Pogues, in deren »Sayonara« es unmissverständlich heißt: »Ooh, she gave me mekhong whiskey / Ooh, she gave me Hong Kong flu / Ooh, she gave me mekhong whiskey / Put me on a breeze to Katmandu«.

Geruch sprittig, etwas minzig | **Geschmack** süß, erdig | **Preisklasse** * |
www.thaibev.com

ESTD 1941 THAILAND
Mekhong
THE SPIRIT OF THAILAND
IMPORTED
Distilled Blended & Bottled by
BANGYIKHAN DISTILLERY
Product of Thailand
700ml ℮
35%vol.

79 Monkey Shoulder

Blended Malt Scotch, 40 %

Drei Affen kraxeln auf der Flasche herum. Sie stehen für die drei Anteile, aus denen sich dieser Blend rekrutiert. Balvenie, Glenfiddich und Kininvie wurden hier miteinander gekreuzt, Kinder der schottischen Speyside also (siehe Nummer 13, 47 und 67). Weil kein Grainwhisky mit im Spiel ist, gehört der Monkey Shoulder zu den seltenen Blended Malts. Die früher »Vatted« genannte Gattung ist zahlenmäßig nach oben offen: Es gibt Blends mit bis zu 16 verschiedenen Malts als Basis. Die finale Hochzeit des Monkey-Shoulder-Trifoliums dauert bis zu einem halben Jahr und wird in Ex-Bourbonfässern gefeiert. Der seltsam anmutende Name wiederum hat seinen Ursprung in der Whiskyherstellung. Als das trocknende Gerstenmalz auf den Darrböden noch per Handgabel gewendet wurde, hingen den Malzmännern nach der Schicht nicht selten die Arme bis zum Boden. »Affenschulter«, das war der Name dieser Berufskrankheit.

Wenn Brennereien auf ihrer Website Cocktailrezepte mit ihren Whiskys präsentieren, ist das zumindest verdächtig. In Dufftown geht man sogar so weit, den Internetbesuchern einen stinknormalen Whisky-Cola auf Eis ans Herz zu legen. Warum ehrliche Handarbeiter für so etwas eine Affenschulter riskieren sollten, dürfte sich keinem echten Whiskyfreund erschließen.

Dabei gibt es tatsächlich keine tieferen Gründe, einen Monkey Shoulder zu panschen. Auch ohne die Zugabe von Zuckerwasser besticht er durch eine sehr smoothe Lieblichkeit. Selbst Anfänger absolvieren den ersten Schluck ohne anschließendes Schütteln. Eher fühlen sie sich an ihr erstes Vanille-Softeis erinnert. Ein Löffelchen geriebene Schokolade bringt sich ebenso in Erinnerung wie eine Messerspitze Kaffeepulver. Alles wohldosiert, mit viel fachmännischer Ruhe. Wäre Monkey Shoulder ein Song (als Titel allemal geeignet!), es wäre definitiv kein Schlachten- oder Trinklied. Sondern eher ein kleines Abendlob.

Geruch Vanille | **Geschmack** Kaffee, leichte Gewürze | **Preisklasse** *–** |
www.monkeyshoulder.com

BATCH 27

80_Oban

Single Malt Scotch, 43 %

Oban, die »Kleine Bucht«, hatte Glück: Weil der Ort über einen perfekt geschützten Hafen verfügte und verkehrsstrategisch günstig lag, trafen hier die Handelswege der Dampfschifffahrt auf die des schottischen Schienennetzes. Aus dem stillen Fischernest wurde eine kleine, quirlige Stadt. Bis heute spielt sie eine wichtige Rolle beim Fährverkehr zu den Äußeren und Inneren Hebriden.

Für Whiskyliebhaber bedeutender ist jedoch ein Gebäudekomplex mit Wurzeln im späten 18. Jahrhundert: die Oban-Whiskybrennerei. Die Ortschaft selbst entstand zwar erst später um die Destillerie herum, blickt aber dennoch auf eine lange Historie zurück: Als die Brennerei 1890 erweitert werden sollte, stieß man auf 5.000 Jahre alte Menschenknochen.

Der 2014 eingeführte Oban Little Bay reift in kleinen Eichenfässern. Im Gegensatz zum bekannten 14-Jährigen der Brennerei wird er ohne Altersangabe abgefüllt. Die Torfnote des Bruderwhiskys fehlt ihm, aber die Prise Meersalz ist hier herauszuschmecken. Sehr interessant auch die »weihnachtlichen« Grüße dieses Spirits, die man irgendwo zwischen Kaffeekeksen, schwarzem Pfeffer, Christstollen und Grog verorten möchte. Wie vom Christkind beschenkt fühlt man sich dann auch nach der Verkostung: Der Oban wärmt wie ein winterlicher Punsch.

Wie die meisten schottischen Brennereien verfügt Oban über ein Besucherzentrum, in dem Führungen und Verkostungen angeboten werden. Ganz nebenbei lässt sich bei einem solchen Trip auch eines der seltsamsten Bauwerke Schottlands entdecken. Oberhalb der Ortschaft begann man 1897 mit der Errichtung des McCaig's Tower, finanziert durch einen ortsansässigen Bankier. Leider wurde das monumentale Werk wegen Todesfällen und Pleiten nie fertiggestellt. Und so verfiel der so ehrgeizige wie vermessene Bau zur Ruine, genau wie sein – knapp verfehltes – Vorbild: das Kolosseum in Rom.

Geruch Eiche, Salz | **Geschmack** Stollen, Pfeffer | **Preisklasse** **–*** | **Varianten** 14 Jahre | www.discovering-distilleries.com/oban

OBAN
LITTLE
BAY™
SINGLE MALT
SCOTCH WHISKY
ESTD
1794

81_Old Pulteney

Single Malt Scotch, 12 Jahre, 40 %

Landschaft und Kultur prägen auch die jeweiligen lokalen Getränke – so sollte es jedenfalls sein. Auf den Whisky aus Wick trifft das auf wunderbare Art zu. Schon die Wikinger betrieben hier Fischfang, der Name stammt von Norwegisch vík (»Bucht«). Gegen Ende des 18. Jahrhunderts dann stieg der historische Hafen des Ortes auf zum Zentrum der schottischen Heringsfischerei. 1826, auf der Höhe des Booms, erblickte die Pulteney-Brennerei das Licht der Welt.

Hat man die langgestreckte britische Insel vor Augen, dann liegt Wick im äußersten Nordosten. Weil die Region vom Land her noch nicht erschlossen war, mussten sämtliche Fässer – ob mit Whisky oder Heringen gefüllt – per Schiff transportiert werden. Auf dieselbe Art kamen das für die Produktion unentbehrliche Getreide und das Salz nach Wick. Viele der Fischer verdienten sich in Zeiten der Flaute oder des zu wilden Seegangs ihr Zubrot als Arbeiter in der Brennerei. Und das Produkt dieser Synergien scheint bis heute nach dem Salz, in das man die Heringe einlegt, zu schmecken. Weitere hervorstechende Merkmale des Old Pulteney sind seine milde Würzigkeit, die wirkt, als seien bei der Fasslagerung getrocknete Früchte, eine Handvoll Mandeln und ein (kleiner) Batzen Torf mit im Spiel gewesen.

Viele Jahre lang schien der Wick-Whisky das Schicksal der Region zu teilen. Mit dem Niedergang der Heringsfischerei verschwand auch der Pulteney von der Bildfläche, zeitweise ruhte der Betrieb jahrzehntelang. Seit den 2000ern jedoch geht es glücklicherweise wieder aufwärts – jedenfalls mit dem Whisky.

Wicks Ortsteil Pulteneytown wurde einst benannt nach Sir William Pulteney (1729–1805). Der Grundstücksmakler und Politiker galt als einer der reichsten Menschen seiner Zeit. So wie Pulteney Whisky einer der bereicherndsten Whiskys seiner Zeit ist.

Geruch trocken, maritim | **Geschmack** weich, aber kräftig, leicht salzig | **Preisklasse** ** | **Varianten** 17, 21 Jahre und andere | www.oldpulteney.com

OLD PULTENEY
EST 1826 • WICK • SCOTLAND
OLD
PULTENEY
SINGLE MALT SCOTCH
ROBUST, WITH A DELICATE HINT OF SEA AIR
70cl.e
40%vol.
PRODUCED BY DISTILLERY MANAGER
DISTILLED, MATURED AND BOTTLED IN SCOTLAND KW1 5BA
12
YEARS

82 Paddy

Irish Blend, 40 %

Der Missionar Patrick gilt den Iren als Nationalheiliger. Seit er sie im 5. Jahrhundert zum Christentum bekehrte, tauften unzählige Eltern ihren Kleinen auf den Namen des gebürtigen Walisers. »Paddy« wurde so zum Synonym für den Iren an sich, vergleichbar dem deutschen Michel.

Nachdem die Cork Distilleries Company 1877 ihre Arbeit aufgenommen hatte, bewarb sie ihr Produkt zunächst mit dem nicht gerade einfallsreichen Namen »Old Irish Whiskey«. Unter diesem Label zog dann ab 1882 auch der junge Patrick J. O'Flaherty durch den Süden Irlands. Paddy, wie er selbstverständlich genannt wurde, erwies sich als ebenso sympathischer wie gewiefter Verkäufer. Wo immer er eintrat, spendierte er den Gästen zunächst einen Drink aufs Konto seiner Brennerei. Die Investition zahlte sich aus. Der Whiskey erhöhte seinen Absatz und verschmolz mit dem findigen Vertreter. Bald bestellten die Wirte nicht mehr »Old Irish«, sondern »Paddy's«. Diesem Umstand zollte die Brennerei 1912 schließlich Tribut: O'Flaherty zu Ehren taufte man die Marke um auf den Namen »Paddy Irish Whiskey«.

Wie in Irland üblich durchläuft er drei Brennphasen, bevor man ihn für einige Jahre in Eichenfässern reifen lässt. Der ebenfalls in Midleton produzierte Jameson (siehe Nummer 61) hat ihm inzwischen den ersten Verkaufsrang abgelaufen. Trotzdem findet man Paddy noch immer in allen irischen – und in sehr vielen deutschen – Pub- beziehungsweise Kneipenregalen. Verglichen mit dem ähnlichen »Jamie« kommt der Paddy deutlich malziger und weicher daher. Zu den milden Noten gesellen sich beim Trinken fruchtige, ohne dass der Whiskey dadurch allzu komplex wirkt. Der heilige Patrick (keltisch: Padraig) hat seinen Schäfchen so manches versprochen. Das ewige Leben zum Beispiel. Paddy-Whiskey hingegen verspricht nichts, was er nicht auch hält.

Geruch malzig, Nüsse | **Geschmack** weich, leicht ölig | **Preisklasse** * |
www.paddy.ie

"It's Paddy's Round!"
ESTD 1779
Paddy
IRISH WHISKEY
Triple Distilled
PADDY
IRISH WHISKEY
ESTD 1779
BLENDED TO PERFECTION WITH TRIPLE DISTILLED POT STILL, MALT AND GRAIN WHISKEYS AND MATURED
FOR MANY YEARS IN OAK CASKS, PADDY IS A SOFT AND MELLOW WHISKEY WITH A SWEET, MALTY FINISH.
MATURED IN OAK IN IRELAND
40%vol
700ml℮
DISTILLED & BOTTLED BY CORK DISTILLERIES CO. LTD.
POT STILL, GRAIN & MALT
PF20010694
The Paddy Flaherty Brand
PRODUCT OF IRELAND

83_Paul John

Indischer Single Malt, 55,2 %

Schon seit 1992 produziert die Brennerei des Inders Paul John unter anderem Whisky. Mit dem Original-Choice-Blend war man überaus erfolgreich. Aber das reichte dem ehrgeizigen Geschäftsmann nicht. Als er 2012 seinen ersten Single Malt im Vereinigten Königreich präsentierte, waren die Connaisseure begeistert. Und die Expedition des Paul John nahm Fahrt auf.

Die Gerste für diesen Single Malt stammt aber dann doch nicht aus den schottischen Highlands, sondern von den Feldern zu Füßen des Himalayas. Wegen des tropisch heißen Klimas an der Küste fällt der Angels' Share hier fünfmal höher aus als im europäischen Norden. Selbst in lauen Winternächten stehen die Thermometer noch auf über 20 Grad. »Hier in Goa verlieren wir alljährlich mehr als 10 % pro Fass«, erklärte Paul John 2011 in einem Interview. Unter solchen Umständen muss man sich ranhalten mit der Reifung, und das bedeutet: Indischer Whisky ist selten älter als fünf Jahre, weil die Fässer ansonsten sehr bald vollkommen leer wären.

Die diversen Varianten des Paul-John-Whiskys unterscheiden sich vor allem in ihrem Torfanteil – Torf im Übrigen, der tatsächlich aus Schottland importiert wird. Lediglich die »Brilliance« getaufte Abfüllung sowie der hier präsentierte Erstling des Hauses »Classic Select Cask« verzichten darauf, das Getreide über Torffeuer zu darren. 55,2 % sind natürlich eine Ansage. Aber mit einem Spritzer Wasser wird so ein Paul John nicht nur milder. Er entwickelt auch eine deutlich aufgefächerte Geschmackspalette. Die Gerste und der Nachhall der Bourbonfässer verstecken sich nicht mehr unter den Volumenprozenten. Honignoten vermengen sich mit schwarzer Schokolade und reifen Früchten, aber hin und wieder scheint da auch eine Scheibe gebratener Schinken mit im Spiel zu sein – ein reichhaltig gedecktes Buffet, das keine Wünsche offenlässt.

Geruch Holz, Gerste | **Geschmack** reich, elegant | **Preisklasse** *** | **Varianten** Peated Select Cask, Brilliance (ungetorft) und andere | www.pauljohnwhisky.com

Paul John
Indian
55.2%
CLASSIC
CLASSIC SELECT CASK
From John Distilleries, India
Produce of Goa, India
70cl e 55.2%vol

84 Penderyn

Walisischer Single Malt, 46 %

Über 100 Jahre mussten vergehen, bis in Wales wieder ein Whisky etabliert wurde. 1898 hatte die strenge Anti-Alkohol-Lobby des Landes die letzte Brennblase außer Dienst gestellt. 2004 schließlich, nach vier Jahren der Reifung, konnte wieder ein Tropfen genossen werden. Nicht zufällig fand die Premiere am 1. März statt, ist dies doch der Tag des David von Menevia, des walisischen Nationalheiligen. Im kleinen Ort Penderyn selbstverständlich mit von der Partie: Charles, der Prince of Wales.

Auch er wird im ersten Moment die stark fruchtige Note des Penderyn Madeira wahrgenommen haben. Ihr beigesellt ist eine Prise Kakao sowie eine intensive alkoholische Schärfe, die die Nase mit einem Beben aufnimmt. Der erste Schluck kommt dann jedoch deutlich milder daher, als das Aroma vermuten ließ. Dieser Spirit, so der Eindruck, ist ein junger Spund, schwankend, sprunghaft und mit dem Leben experimentierend, mit einem Wort: spannend. Neben dem »Madeira« bietet die Brennerei weitere Varianten an, unter anderem eine »Sherrywood«-Abfüllung und eine stärker getorfte (»Peated«).

Penderyn ist ein walisischer Ausdruck, er meint so viel wie »Bird's Head/Vogelkopf«. Möglicherweise geht er auf eine historische Ortsbezeichnung zurück. Die Waliser kennen einen Laut, den man sonst nirgends findet: Das Doppel-l am Anfang von Wörtern wird durch einen klackernden Zungenschlag weit hinten im Rachenraum gebildet. Für ihren Whisky haben sie auf diesen Zungenbrecher verzichtet – verkaufstechnisch wohl eine weise Entscheidung. Aber ein orales Erlebnis ist er durchaus, der Penderyn. Und das walisische Doppel-l, so ergab ein Test des Autors, geht einem nach zwei, drei Penderyns deutlich leichter von der Zunge. Das einheimische Wort für diesen Stoff wiederum ist ohnehin nicht weit entfernt von seinen Nachbarn: In Wales schreibt man es »wysgi«.

Geruch fruchtig, Kakao | **Geschmack** dunkelsüß, leicht ölig | **Preisklasse** **–*** | **Varianten** Peated, Sherrywood und andere | www.welsh-whisky.co.uk

MADEIRA
AC
70cl e 46%vol

85 Powers

Irischer Blend, 40 %

Auch der Powers wird heute in Midleton/County Cork vom Zusammenschluss der Irish Distillers hergestellt. Ursprünglich jedoch stammt er aus dem Zentrum Dublins. Auf der anderen, der nördlichen Seite des Liffey war 1780 die Jameson-Destillerie eröffnet worden. Elf Jahre später folgte James Powers dem Whiskeyboom und installierte in seinem Haus unfern des Südufers eine Brennerei. Der erfahrene Gastronom hatte Glück und wohl auch einiges Geschick. Bis 1833 erhöhte sich der Ausstoß auf 300.000 Gallonen (rund 1,4 Millionen Liter) pro Jahr. Die Familie Powers stieg in Dublins feine Gesellschaft auf: 1855 durfte James, Urenkel des Gründers, sogar den Grundstein für das O'Connell-Monument legen. Daniel O'Connell (1775–1847) war einer der wichtigsten Männer der irischen Befreiungsbewegung gewesen.

Schon früh, ab 1886 nämlich, begann man bei Powers, den Whiskey in eigene Flaschen abzufüllen. Bis dahin hatten Brennereien stets ganze Fässer an Zwischenhändler und Kaufleute abgegeben, die dafür einen entsprechenden Aufpreis nahmen. Von Anfang an prangte auf den Flaschen eine goldfarbene Banderole – das Golden Label ist bis heute Markenzeichen der Firma. Aber goldene Verpackung hin, großbürgerliche Familie her: Der Powers Gold Label ist ein einfacher, ehrlicher Whiskey. Bereits beim Nosing kommt er ordentlich gepfeffert rüber. Auch die anderen Gewürze – man mag etwa Muskat herausschmecken – gehören zu den intensiveren im Regal. Neben den reichhaltigen Malznoten spielen sich beim Verkosten Äpfel und Birnen in den Vordergrund, die aus einem sehr reifen Körbchen zu stammen scheinen. Kurz, aber mit einem kräftigen »farewell« macht er schließlich seinen Abgang

Die drei Schwalben auf dem Label stehen übrigens für ein englisches Wortspiel: Drei »swallows«, also drei Schlückchen, sollte man schon nehmen vom Powers. Mindestens.

Geruch Pfeffer | **Geschmack** reife Äpfel und Birnen | **Preisklasse** *–** | **Varianten** John's Lane (Single Pot Still) und andere | www.powerswhiskey.com

POWERS
ESTD 1791
IRISH WHISKEY
GOLD LABEL
DISTILLED AND BOTTLED IN BOND BY
PRODUCT OF IRELAND
A WHISKEY OF SUPERIOR QUALITY WITH ITS DISTINCTIVE POT STILL, SPICY AND HONEYED FLAVOR. TRIPLE DISTILLED AND MATURED IN SPECIALLY SELECTED AMERICAN OAK CASKS FOR RICHNESS AND COMPLEXITY.
700ml e 43.2% VOL.
PRODUCT OF IRELAND
NON CHILL FILTERED

86 Racke Rauchzart

Deutscher Blend, 40 %

Als der Autor dieses Buches Anfang der 1980er Jahre in einem Kölner Szenelokal kellnerte, war Whisky kein angesagtes Getränk. Man kannte die (teuren!) Drinks der Altvorderen – Ballantine's, Dimple, Jim Beam, Johnnie Walker – und fand sie recht verschnarcht. Dementsprechend stand im Schnapsregal jener Gaststätte nur ein einziger trauriger Whisky. Und das war Racke Rauchzart.

Wer sich heute über die Vielfalt deutscher Whiskys freut, dem hat die Bingener Familie Racke den Weg geebnet. Schon für das 17. Jahrhundert als Weinhändler nachgewiesen, gründete Adam Josef Racke 1855 seine gleichnamige Firma. Im Portfolio hatte man zunächst Wein – Bingen liegt schließlich am Rhein –, aber auch Essig. Damit es nicht irgendwann Essig wurde mit den Rackes, brachte Harro Moller-Racke 1958 einen Whisky auf den Markt. Red Fox, wie er zunächst hieß, war deutlich günstiger als die britisch-amerikanische Konkurrenz. Und er war ein einheimisches Produkt, das schon im ersten Jahr 850.000 Flaschen absetzte.

Den roten Fuchs findet man noch heute auf den Flaschen, auch wenn der Name aufgrund schottischer Einsprüche geändert werden musste. Der 1961 etablierte neue Schriftzug klang sowieso viel besser: Racke Rauchzart, das klingt nach Rocker und Prinzessin, nach Zigarillo und Kim slimsize. Da steckte alles drin, was anmacht, Racke gehörte zum deutschen Partykeller wie Eckes Edelkirsch und Eierlikör. Über den Flascheninhalt ließ sich das nicht unbedingt sagen, bestand er doch während der ersten Jahrzehnte aus einem Verschnitt von schottischen Malts mit heimischen Kornbränden. Erst seit 1990 findet ausschließlich Whisky Einlass in den Blend, der allerdings inzwischen auch in Schottland komponiert wird. Ein Großer seiner Zunft ist der Racke dadurch nicht geworden. Aber wenn man vorher seine Cowboystiefel anzieht, schürt er durchaus ein paar Erinnerungen.

Geruch süß, fruchtig, leichter Rauch | **Geschmack** süß, mild, ebenfalls leicht rauchig | **Preisklasse** * | www.schwarze-schlichte.de

RACKE
RAUCHZART
BOTTLED IN SCOTLAND
RACKE
RAUCHZART
BLENDED SCOTCH WHISKY
GRAIN & MALT
A SPECIAL BLEND OF
WHISKIES DISTILLED
AND MATURED IN
SCOTLAND
70cl

87_Rebel Yell

Straight Bourbon, 40 %

»Last night a little dancer, came dancin' to my door/Last night a little angel, came pumping on my floor/She said come on baby, you got a license for love/And if it expires, pray help from above, because/In the midnight hour, she cried more, more, more/ With a rebel yell she cried more, more, more.«

Diese ersten Zeilen des Songs »Rebel Yell« von 1983 verdanken sich den klassischen Rock'n'Roll-Klischees: Leidenschaft, Rebellion und eine ordentliche Portion – leicht verbrämter – Sex. Billy Idol war der ultrastrubbelblonde Postpunkstar der 80er, und seine Geschichte zum »Rebellenschrei«-Song ist eine echte R'n'R-Anekdote: 2001 erzählte er dem US-amerikanischen Musiksender VH1, die Idee sei ihm gekommen, als er hinter irgendeiner Bühne beim Warten auf seinen Auftritt ein Besäufnis der Rolling Stones verfolgte. Was Mick, Keith und Ronnie da tranken, hieß Rebel Yell und war ein Bourbon Whiskey.

Billy Idol erklärte, er habe das Lied geschrieben, weil ihm der Name auf der Flasche so gefiel. Aber nachdem er bei den Stones hatte kosten dürfen, überzeugte ihn auch der Inhalt. Denn Rebel Yell ist ein schlichter, süffiger Stoff, der nicht mehr sein will, als er ist: ein Destillat auf der Basis von Mais und – nicht ganz üblich in der Bourbonfamilie – Weizen statt Roggen. So bourbontypisch der gegenüber den schottischen Cousins deutlich süßere Einschlag, so individuell hingegen der leicht violette Farbstich. Idols erfolgreicher Song fiel in die Zeit, da sich der Rebel Yell von einem reinen Südstaaten-Brand zu einer in den gesamten USA bekannten, reichlich konsumierten Marke mauserte. Der Kentucky-Whiskey rückte gewaltlos gen Norden vor, sodass man nun auch jenseits der Mason-Dixon-Linie mit dem zuvor lediglich den Konföderierten zugeschriebenen Rebel Yell anstoßen konnte. Oder wie Billy singt: »In the midnight hour – more, more, more!«

Geruch Honig, Rosinen | **Geschmack** süß, reifer Apfel | **Preisklasse** *–** | **Varianten** Rebel Yell Rye | www.rebelyellbourbon.com

REBEL YELL
KENTUCKY STRAIGHT BOURBON WHISKEY
SINCE 1849
REBEL YELL®
KENTUCKY STRAIGHT BOURBON WHISKEY
HANDCRAFTED ACCORDING TO THE ORIGINAL
TIME HONORED RECIPE SINCE 1849
700ML
40% ALC/VOL
80 PROOF

88_Redbreast

Irischer Single Pot Still, 12 Jahre, 40 %

Für die alten Kelten und Germanen war das Rotkehlchen der Sonnenvogel: Es brachte den Menschen das Licht und die Wärme. Spinnt man diese Idee weiter, dann transportiert also ein Redbreast (englisch für Rotkehlchen) die Sonne in die Herzen der Trinker. Der Gedanke ist so schön wie treffend.

Der kleine Singvogel verdankt seine rote Brust laut christlicher Mythologie einem Blutstropfen Jesu. Der hatte ihn benetzt, als er dem Gekreuzigten voller Mitleid einen Dorn aus der Stirn zog. Beim Redbreast hingegen sind eher die für die Lagerung verwendeten Sherryfässer verantwortlich für die ins Rötliche gehende Färbung. Einen gewissen Einfluss hatten auch die britischen Steuerbehörden auf das Endprodukt. Die Einführung der englischen Malzsteuer Mitte des 19. Jahrhunderts hatte die Brenner erfinderisch gemacht. Fortan beließen sie einen Teil ihrer Gerste ungemälzt, um dem Fiskus ein Schnippchen zu schlagen. Und deshalb ist der Redbreast kein (Single) Malt.

Das Nosing beginnt mit einem Sherry-Lüftchen, dem sich mit dem ersten Schluck würzige Noten zwischen Eiche und Pfeffer hinzugesellen. Der lange Abgang des Redbreast ist genauso köstlich-kostbar wie zuvor sein Geschmack. Während das Rotkehlchen zurzeit als ungefährdete Gattung gilt, war der Redbreast einst vom Aussterben bedroht. 1939 erstmals verkauft, endete die Herstellung 1985 vorläufig. Irlands größte Brennerei Irish Distillers belebte die Marke jedoch neu. Belohnt wurden die Mühen schließlich 2010, als der international anerkannte Whiskypapst Jim Murray den Redbreast zum »Irish Whiskey of the Year« kürte. Gefreut haben dürfte sich damals auch der Priesterstand der Insel. Denn die Flasche Redbreast kannte man landläufig auch als die »Priest's Bottle« – angeblich gehörte sie zum Haushalt der Pfarrer wie die Soutane und der Rosenkranz. Womit einmal mehr die heidnischen Wurzeln des Christentums belegt wären.

Geruch fruchtig, würzig | **Geschmack** Sherry, Pfeffer, Trockenfrüchte | **Preisklasse** **–*** | **Varianten** 15, 21 Jahre | www.singlepotstill.com

REDBREAST
SINGLE POT STILL
IRISH WHISKEY
Aged 12 Years
MATURED IN THE FINEST Oak CASKS
IRISH DISTILLERS, MIDLETON DISTILLERY, MIDLETON, CO. CORK
PRODUCT OF IRELAND

89 Royal Brackla

Single Malt Scotch, 12 Jahre, 40 %

King William IV. (1765–1837) galt bereits in seiner Jugend als rebellisch. Lange Jahre auf See prägten seine Umgangsformen. Er pflegte eine derbe Sprache, schlug sich so gern, wie er Bordelle aufsuchte, und war, wen wundert's, obendrein ein echter Schluckspecht. Als er 1830 den Thron bestieg, hatte das wilde Leben ihn bereits sterbenskrank gemacht. Vier Jahre vor seinem Tod erwies er dem Gott der Ausschweifungen noch einmal eine Reverenz, die bis heute Auswirkungen hat. Denn in jenem Jahr 1833 übertrug er erstmalig einer Whiskydestillerie das Recht, ein schickes »Royal« vor ihren Namen zu setzen. Royal Brackla war geboren.

Ursprünglich war die Brennerei bereits 1812 von Captain William Fraser (1767–1846) auf dem Gelände des mittelalterlichen Cawdor Castle in den Highlands gegründet worden. Der Captain war umstritten bei seinen Zeitgenossen. Manche Quellen charakterisieren ihn als »kind-hearted country gentleman«, andere als ungehobelten Zeitgenossen oder gar als ausgemachten Schurken. Vor allem die Vertreter der königlichen Steuerbehörde sollen ihre Schwierigkeiten mit ihm gehabt haben. Möglicherweise waren es seine alten Militärverbindungen, die ihm zum royalen Ritterschlag seines Whiskys verhalfen. Mit dem neuen Vornamen schaltete Fraser Anzeigen in den vornehmen Londoner Blättern und bewarb darin seinen Schnaps in höchsten Tönen. Der Erfolg blieb nicht aus: Als er 1846 starb, kannte man den Royal Brackla im ganzen Königreich.

Trinkt man heute ein Glas davon, fühlt man sich an die Vorgeschichte erinnert. Dieser Whisky scheint den Charakter seiner Urväter weiterzutragen in die Gegenwart. Eine raue Haut ist er, herbe Früchte tanzen hier im Verein mit pfeffrigen Nüssen und erdigem Laub. So ein Brackla wackelt nicht mit dem dürren Florett, sondern rasselt kräftig mit dem Säbel – ganz im Sinne des alten Fraser und seines ruppigen Königs.

Geruch malzig-alkoholisch | **Geschmack** kräftig, würzig | **Preisklasse** ** | **Varianten** verschiedene Jahrgänge (rar)

ROYAL BRACKLA
EST.
1812
EST. 1812
EST.
ROYAL
1812
BRACKLA
CAWDOR ESTATE
AGED 12 YEARS
700mle
40% alc./vol.
IN TRUTH BE TERMED "THE DRINK DIVINE"
AS DISTINGUISHED BY
KING WILLIAM IV.
HIGHLAND SINGLE MALT
SCOTCH WHISKY
·THE KING'S OWN WHISKY·

90_Scapa

Single Malt Scotch, 40 %

Der Orkney-Archipel besteht aus rund 70 Inseln. Ein paar davon haben sich so formiert, dass sie eine Art großen Binnensee zu begrenzen scheinen. Diese geschützte Bucht nennt man Scapa Flow, und sie ist vor allem durch ein Ereignis bekannt, das sich ein halbes Jahr nach dem Ende des Ersten Weltkriegs zutrug. Damals befahl Konteradmiral Ludwig von Reuter, sämtliche hier internierten 74 Schiffe der deutschen Hochseeflotte zu versenken – sie sollten nicht dem Feind in die Hände fallen. Die Beziehungen zu Großbritannien sind mittlerweile zum Glück in friedlichem Fahrwasser angelangt. Und auch der Austausch von Gütern ist fortgeschritten. Eine Folge: Man kann in Deutschland heutzutage einen sehr schönen Orkney-Whisky namens Scapa Skiren kaufen.

Zu finden ist die idyllisch direkt am Meer gelegene Destillerie in der Gemeinde Saint Ola auf der Insel Mainland. Ursprünglich hatte hier eine Mühle ihren Dienst getan, bevor sie 1885 einer Brennerei weichen musste. Was in den nächsten anderthalb Jahrhunderten folgte, waren diverse Besitzerwechsel und sogar Zeiten des totalen Stillstands. Die Kollegen von Highland Park (siehe Nummer 59) nutzten bis 2004 die leer stehenden Lagerhallen und hielten die verwaisten Produktionsanlagen provisorisch in Schuss. Danach jedoch ging es endlich aufwärts mit dem Standort. Die alte Lomond Still, eine heutzutage fast ausgestorbene Brennblase, durfte wieder Scapa destillieren.

Im Gegensatz zu vielen schottischen Inselwhiskys verzichtet die Scapa-Crew auf Torffeuer bei der Trocknung der gemälzten Gerste. Dennoch glaubt man einen Hauch von Torf zu spüren, möglicherweise von den Wiesen herrührend, durch die das verwendete Wasser einst floss. Jenseits dessen dominieren fruchtige, leicht ölige Töne den Genuss dieses Whiskys. Auffällig auch: so wild die Orkneys, so mild »flowt« der Scapa.

Geruch fruchtig, Heide | **Geschmack** würzig, mild im Abgang | **Preisklasse** *** | www.scapawhisky.com

SCAPA
THE ORCADIAN
SINGLE MALT SCOTCH WHISKY
SKIREN adj. Old Norse, glittering, bright skies
Inspired by summer's bright, GLITTERING SKIES, described in Old Norse as skiren, this expression is exclusively matured in FIRST-FILL American oak casks for a smooth creamy sweetness with a hint of tropical fruit, citrus and coastal HEATHER.

91_Slyrs

Deutscher Single Malt, 43 %

Im ersten Moment mag man auch diesen Namen für keltisch halten, aber der Schuss geht weit daneben. Slyrs, gesprochen »Schlürs«, ist mittelhochdeutsch und bedeutet »Schlieren ziehen«. Damit bezeichneten die alten Bayern einen bestimmten Mergel, der hier häufig anzutreffen ist. Mit der Zeit wurde Slyrs zur Bezeichnung für die gesamte Region, und auch das zentrale Gewässer wurde danach benannt: Heute kennt man es als den Schliersee. In Neuhaus am südlichen Ende des Sees wohn(t)en Berühmtheiten wie Curd Jürgens, Gerd Polt und Markus Wasmeier. Letzterer eröffnete hier 2007 ein eigenes Wintersportmuseum – die zweite Attraktion neben der Whiskybrennerei.

Es war ein Bierbrauer und Sohn eines Obstbrenners, der 1994 nach Schottland pilgerte und mit einer Vision zurückkehrte: einen eigenen Whisky herzustellen. Die Krachlederne und der Kilt: längenmäßig ähneln sie einander. Und wie die Bayern, so gelten auch die Schotten als stur, sie sprechen einen seltsamen Dialekt und kochen gern ihr eigenes Süppchen. Wie wäre es also, fragte sich Florian Stetter, es in Bayern mit einem Single Malt zu probieren?! Gesagt, getan – wenn auch einige Zeit zwischen der »Schnapsidee« und dem ersten Schluck Slyrs lag. Mindestens drei Jahre reift der Standardwhisky des Unternehmens. Die erste Abfüllung stammt von 1999 und gilt inzwischen unter Sammlern als wertvolle Rarität. Die Nachfrage stieg stetig, und die Schlierseer entwickelten sich zum größten Single-Malt-Produzenten Deutschlands.

Damals wie heute stammen die Ingredienzen aus bayrischen Landen – nur die Fässer werden aus den USA und Spanien importiert. Wer den Slyrs probiert, merkt sofort, dass er es hier nicht mit einem gewohnten schottischen Brand zu tun hat. Slyrs ist eigen: kräftig wie eine Haxe, sämig wie Kartoffelpüree und fruchtig frisch wie eine Almwiese. Oder kurz gesagt: bayrisch.

Geruch Ingwer, Zimt, reife Früchte | **Geschmack** würzig, Marzipan | **Preisklasse** **–*** | **Varianten** 12 Jahre und andere | www.slyrs.de

Whisky Destillerie
SLYRS
L 37044
Limitierte Auflage
SLYRS
Bavarian
·Single Malt·
Whisky
matured in
new american
oak casks

92_Southern Comfort

Whiskeylikör, 35 %

Erfunden wurde Southern Comfort in den 1870er Jahren im legendären French Quarter von New Orleans. Der Mixer Martin Wilkes Heron (1850–1920) experimentierte eine Weile mit verschiedenen Früchten und Gewürzen, um schließlich mit einem Drink namens »Cuffs & Buttons« an den Start zu gehen. Heron reagierte damit auf einen seinerzeit populären Mix namens »Hats & Tails«. 1904 gewann seine nun Southern Comfort genannte Kreation eine Goldmedaille auf der Weltausstellung in Saint Louis.

Wer schottische Single Malts liebt, wird mit Southern Comfort wohl nicht glücklich – wegen der intensiven Aprikosen-, Pfirsich- und Orangennoten, die einem da entgegenströmen. Was mit dem Nosing begann, setzt sich beim Verkosten fort: Ein Schluck Southern Comfort ist wie der Biss in eine fremde Frucht, und ein bisschen Voodoo ist auch im Spiel. Echter Whiskey wird heutzutage nur noch dem Southern Comfort Reserve beigemischt. Der hat dann auch 40 statt der 35 % des Originals, das längst auf der Basis von Neutralalkohol hergestellt wird.

Darf man so etwas wie Southern Comfort in ein Buch über Whiskys aufnehmen? Als Ausnahme schon, denn dieser Drink ist ein Mythos. Schon der Name: Southern Comfort, die Gemütlichkeit des Südens. Da sieht man das Holzhaus, die Veranda, den Rocking Chair förmlich vor sich. Im alten Hollywood war der SC so populär, dass man Scarlett O'Haras Cocktail in »Vom Winde verweht« (1939) auf seiner Basis anrührte. Amerikanische Weltkriegspiloten benannten ihre Flugzeuge nach dem Drink, und Janis Joplin ging ohne eine Flasche Southern Comfort nicht auf die Bühne. Mit anderen Worten: Southern Comfort ist zwar definitiv ein Mixgetränk, hat aber das Ansehen, den Charakter, die Coolness eines satten Bourbons. Und so mancher, auch der Autor dieses Buches, hat als Jugendlicher mit Southern Comfort harter Mann gespielt.

Geruch fruchtig | **Geschmack** fruchtig, süß | **Preisklasse** * | **Varianten** Southern Comfort Reserve, SC Lime | www.southerncomfort.com

SOUTHERN COMFORT
CATEGORY OF ONE
S ONE C
M.W. HERON'S
SOUTHERN COMFORT
CATEGORY OF ONE™
S ONE C
M.W. Heron
Original
EST "NONE GENUINE BUT MINE"™ 1874
1.0 LITRE ℮ • LIQUEUR WITH WHISKEY • 35% VOL.

93 Springbank

Single Malt Scotch, 15 Jahre, 46 %

Den Mull of Kintyre, also das Südkap der Halbinsel, hat der Ex-Beatle Paul McCartney mit einer wunderschönen Schnulze bedacht. Die Schotten hingegen machen lieber Witze über die geografische Form des lang gestreckten Eilands, die stark an das männliche Geschlechtsorgan erinnert. Obwohl sehr klein, gilt das Gebiet als eigene Whiskyregion – benannt nach dem Hafenort Campbeltown. Es gab einmal eine Zeit, Anfang des 19. Jahrhunderts, da waren auf Kintyre 30 Brennereien aktiv. Davon übrig geblieben sind nur noch drei. Glen Scotia, Glengyle (zu Springbank gehörig) und Springbank selbst.

Die Destillerie existiert seit 1828 und ist noch immer in den Händen der Gründerfamilie Mitchell. Auch im Produktionsprozess gibt man sich außerordentlich traditionalistisch. Der Maischbottich ist fast so alt wie die Brennerei, Computer sucht man hier bis heute vergeblich. Am Campbeltown Loch sät man noch eigene Gerste und mälzt sie ebenso höchstpersönlich, wie ganz am Ende die Flaschen von Hand verkorkt werden. Und dass Springbank-Whisky weder kühlfiltriert noch gefärbt wird, versteht sich von selbst.

Dies alles hat seinen Preis. Die urtümlichen Abläufe verlangen nach überproportional mehr Personal als in vergleichbaren Betrieben. Wer jedoch bereit ist, ein paar Euro mehr zu zahlen, kommt voll auf seine Kosten, wie man so schön sagt. Dass die Gerste jeweils für ein paar Stunden über Torf gedarrt wird, schmeckt man diesem Whisky an. Die zuvor für Sherry und Bourbon verwendeten Eichenfässer sorgen für einen Hauch von Vanille und bitterer Schokolade. Sehr intensiv jedoch scheint sich hier die schottische See eingemischt zu haben. Nach ein, zwei, drei Schlückchen Springbank fühlt man sich wie in einem von Meer und Tang umspülten Fischerschuppen am Hafen von Campbeltown. Nicht der schlechteste Ort, um noch einen draufzusetzen.

Geruch malzig, torfig | **Geschmack** zartbitter, Vanille, Seetang, im Abgang salzig | **Preisklasse** *** | **Varianten** 10, 12 Jahre und andere | www.springbankwhisky.com

J. & A.
MITCHELL
& CO. LTD.
SPRINGBANK
· DISTILLERY ·
ESTABLISHED 1828
SPRINGBANK
AGED 15 YEARS
CAMPBELTOWN
SINGLE MALT
70cl
46%vol
CAMPBELTOWN SINGLE MALT SCOTCH WHISKY
PRODUCT OF SCOTLAND
DISTILLED & BOTTLED BY
J. & A. MITCHELL & CO.LTD · CAMPBELTOWN · SCOTLAND

94 Stauning

Dänischer Single Malt, 4 Jahre, 46,3 %

Auf unseren Feldern wächst gutes Getreide, unser Wasser ist von bester Qualität, und Whisky trinken wir alle gern: Warum brennen wir also nicht unseren eigenen, dänischen? Das dachten sich 2005 neun dänische Kumpels. Ihre Professionen hätten kaum unterschiedlicher sein können, hier waren unter anderem Ingenieure, ein Koch, ein Metzger, ein Pilot und ein Doktor zusammengekommen. Im Hinterzimmer des Metzgers startete man einen ersten, offenbar ermutigend verlaufenen Brennversuch. Also begann der zu allem entschlossene Haufen zu lesen und zu lernen, zu reisen und zu schauen. Ein Besuch des Whisky-Experten Jim Murray im Folgejahr verlief so erfreulich (der Engländer verglich das erste, getorfte Destillat mit einem Ardbeg aus den 1970ern), dass man beschloss, die Kapazitäten deutlich auszuweiten. Also erwarben die Freunde einen alten Jütländer Bauernhof beim Dorf Stauning, und im März 2011 war es schließlich so weit: Der erste Stauning Whisky, ein Rye, konnte gekauft und verkostet werden.

Daneben stellen die Dänen inzwischen auch einen Peated her, dessen Torf auf dem Gelände eines nahe gelegenen Freilichtmuseums gestochen wird. Während die Roggenvariante in neuen Weißeichefässern zur Reife gelangt, lagern der getorfte und der hier probierte Stauning Traditional in ehemaligen Bourbonfässern. Weil man als Nordmann lieber klotzt als kleckert, wird der Wikingerwhisky nur leicht verdünnt und gelangt mit 46,3 % in die Flasche. Das macht den Geruch ein wenig schärfer und ebenso den ersten Schluck. Aber auch ohne Zusatz von Wasser entfaltet sich bald eine feine Flora – Bilder von frischen Blumen, von sich im Wind wiegenden, klatschmohnflankierten Gerstenfeldern stellen sich ein. Man sagt, dass der große Dänenkönig Hans (1455–1513) nach einem Bad im nahe gelegenen eiskalten Fluss Skjern Å gestorben sei. Ein Stauning hätte seine Lebensgeister sicherlich gestärkt.

Geruch mild, floral | **Geschmack** Kräutergarten, leicht medizinisch | **Preisklasse** *** | **Varianten** Rye, Peated | www.stauningwhisky.dk

STAUNING
DANISH WHISKY
4th EDITION
Traditional
DANISH SINGLE MALT WHISKY
Bottle no.: 481
Distilled: 2010
Bottled: September 2015
Contents: 50 cl.
Alcohol: 46,3% vol.
PRODUCT OF DENMARK
BY STAUNING WHISKY DISTILLERY

95 __ Strathisla

Single Malt Scotch, 12 Jahre, 40 %

Gegen Ende des 18. Jahrhunderts geriet die schottische Leinenindustrie in eine Krise. Dies nahmen die Herren George Taylor und Alexander Milne (nicht verwandt mit dem 1882 geborenen gleichnamigen Autor von »Pu, der Bär«) zum Anlass, stattdessen auf Spirituosen zu setzen. 1786 gründeten sie ihre Brennerei in Keith, einem Örtchen zwischen Aberdeen und Inverness im Nordosten Schottlands. Von Beginn an hieß ihr Produkt Strathisla, was im Deutschen so viel wie »Flusstal« bedeutet.

Die ursprünglich Milltown getaufte Destillerie erlebte so manche Katastrophe, Brände und Explosionen machten ihr zu schaffen. Die schwierigsten Jahre jedoch begannen mit der Übernahme durch George »Jay« Pomeroy 1940. Der »berüchtigte Schurke« und »notorische Spieler«, wie ihn eine Whisky-Chronik nennt, wanderte 1949 wegen Steuerhinterziehung in den Knast. Und so war der Weg frei für eine öffentliche Versteigerung, aus der Chivas Brothers Limited als Sieger hervorging. Bald danach, 1951, wurde die Milltown Distillery endgültig in Strathisla umbenannt.

Wer heutzutage Strathisla sagt, sagt Chivas Regal (siehe Nummer 24). Einerseits geht das schon in Ordnung, schließlich ist Ersterer der »Lead-Malt« des weltberühmten Blends. Andererseits ist das auch ziemlich ungerecht, denn dieser Speyside-Whisky kann auch sehr gut für sich allein stehen. Schon 1922 lobte der »Wine and Spirit Trade Record« seine »beneidenswerte Reputation daheim und in der Ferne«. Der anfängliche Geruch nach Orangenschalen weicht beim Trinken einer milden Süße, die mit Elementen von Nuss, Holz und reifen beziehungsweise gebackenen Pflaumen einhergeht. Märchenhaft, dieser Flusstalgeist, ganz zu schweigen von dem pittoresken Gebäudeensemble seiner Brennerei: saftiges Grün und Bruchstein, so weit das Auge reicht, und als Blickfang die Zwillingspagoden über den alten Darröfen.

Geruch Zitrusfrüchte, Sherry | **Geschmack** Nüsse, Pflaumen | **Preisklasse** ** | **Varianten** verschiedene Jahrgänge (rar) | www.maltwhiskydistilleries.com

STRATHISLA®
THE OLDEST WORKING DISTILLERY IN THE HIGHLANDS OF SCOTLAND
YEARS 12 OF AGE
SPEYSIDE SINGLE MALT SCOTCH WHISKY
Distilled, Matured and Bottled in Scotland by Chivas Brothers Ltd., Strathisla Distillery, Keith, AB55 5BS, Scotland

96 __ Talisker

Single Malt Scotch, 10 Jahre, 45,8 %

Es ist nicht nur »a long way to Tipperary«, sondern auch ein langer Weg nach Talisker. Zunächst gilt es, die abgelegene Hebrideninsel Skye zu erreichen, sodann wendet man sich gen Westen und schlängelt sich um das enge Loch Harport Richtung Ozean bis zum Dörfchen Carbost. Die weißen Gebäude samt Besucherzentrum bereiten dem Fremden einen freundlichen Empfang, wenn auch das Wetter hier nicht immer mit dem Sonnenschirm winkt. Im Gegenteil.

Die atemberaubende raue Natur spiegelt sich in diesem einzigen Whisky des Eilands. Zum einen ist da der charmante Torfgeruch, generiert beim Prozess des Darrens. Und weil Torf nicht nur ein Klumpen Erde ist, sondern Heide und Moos und Gras zu seinen Ursprüngen zählt, riecht man auch all dies. Spätestens mit dem ersten Dram wird zudem deutlich, dass hier das Meer seine Einflüsse geltend machte – Fische schwimmen mit in diesem edlen Whisky, ebenso Salz und dessen Bruder Pfeffer. Sowohl die kräftige Würze als auch der leicht erhöhte Alkoholgehalt wirken perfekt abgestimmt. »A whisky made by the sea«, heißt es ganz zu Recht in der Werbung – mit einem Talisker schwimmt man auf weiten Wellen, die einen sanft ans Ufer spülen.

Zu verdanken hat die Welt diesen feinen Tropfen den nicht sonderlich beliebten Brüdern Hugh und Kenneth MacAskill. Die beiden Spekulanten kauften Land auf, vertrieben die Farmer und trieben stattdessen weitaus profitablere Schafherden auf die frei gewordenen Flächen. Nebenbei begannen sie auch Schnaps zu destillieren. 1830 schließlich eröffneten sie ihre Whiskybrennerei am Ufer des Loch Harport, die sie jedoch bereits 18 Jahre später einer Bank überlassen mussten. Auf die Siegerstraße bog der Talisker schließlich in den 1880ern ein: Nachdem die Fässer jahrzehntelang zu den wartenden Schiffen hatten geflutet werden müssen, entstand seinerzeit endlich ein Pier in Carbost.

Geruch Rauch, Meerwasser | **Geschmack** Salz, Pfeffer, komplex | **Preisklasse** ** | **Varianten** diverse Jahrgänge und Sonderabfüllungen | www.discovering-distilleries.com/talisker

Talisker
ESTD 1830
TALISKER
STORM
SINGLE MALT
SCOTCH WHISKY
AN INTENSE TALISKER,
WITH A PROFOUNDLY MARITIME
CHARACTER, LIKE A WARM
WELCOME FROM A
WILD HEBRIDEAN SEA.
DISTILLED AT TALISKER
THE ONLY DISTILLERY ON THE
Isle Of Skye SCOTLAND
45.8% vol
MADE BY THE SEA
70cl e

97 Teacher's Highland Cream

Blended Scotch, 40 %

Dieser Whisky ist keineswegs das Produkt eines Lehrers, wie der Name vermuten ließe. Nein, es war der Kaufmann William Teacher aus Glasgow, der 1830 begann, gemeinsam mit seiner Frau Whisky unter die Kunden zu bringen. Seinen Söhnen war es dann überlassen, den 1863 entwickelten Teacher's Highland Cream zu etablieren. Durch die Eröffnung der Ardmore-Destillerie 1899 und den Kauf der Brennerei von Glendronach (1960) machte man sich im Laufe der Zeit weitgehend unabhängig, was das eigene Blending anbetraf. Der globale Markt hat diese Einheit längst gesprengt, aber Teacher's Whisky existiert noch immer.

Die meisten Konsumenten kennen Teacher's als »Supermarktwhisky«, ein Prädikat, das nicht gerade neugierig macht. Der eine mag an adoleszente Besäufnisse im mit Matratzen ausgelegten Partykeller denken, der andere an furchtbar coole Lonesome-Cowboy-Abende allein zu Haus. Hier wie dort sagt die Erinnerung: Kopfschmerzen vorprogrammiert, fasse ich nie mehr an.

Wer sich jedoch ein wenig informiert, hat schon einmal vom »Generous Scot«, dem großzügigen Schotten, gehört. Als dieser gilt der Teacher's wegen seines mit 45 % vergleichsweise hohen Anteils an eingeblendeten Malts. Hinzu kommt, dass hier – neben rund 30 weiteren Single Malts – traditionell vor allem Ardmore verschnitten wird. Der Lead-Malt sorgt dann für die dezente Rauchigkeit des Whiskys. Das torfgetrocknete Malz dominiert auch die Verkostung, aber dabei bleibt es nicht. Eine leicht ölige Konsistenz sorgt für einen weichen Durchlauf, der mit Nüssen und trockenen Früchten gespickt ist. Im Abgang zeigt der Teacher's schließlich, dass er im Vergleich zu ähnlich günstigen Whiskys ein beeindrukkendes Standvermögen hat. Mit anderen Worten: Wer gewohnt ist, seinen Whisky mit Cola zu vergiften, sollte den Teacher's unbedingt verschonen.

Geruch Torf | **Geschmack** Nüsse, Trockenfrüchte, Rauch | **Preisklasse** * | **Varianten** Teacher's 50 (12 Jahre) und andere | www.teacherswhisky.com

TEACHER'S
HIGHLAND CREAM
HIGH IN PEATED MALT
For unique character and full flavour
70cl ℮
alc. 40% vol.
BLENDED SCOTCH WHISKY
2112H
GLASGOW SCOTLAND

98_Tecker

Deutscher Single Grain, 5 Jahre, 40 %

Destillierbetriebe gibt es rund um die Schwäbische Alb genug. Hier brennt praktisch jeder Obstbauer seinen eigenen Schnaps, mit allem, was die Bäume hergeben. Wer herausragen möchte, muss sich etwas einfallen lassen, sagte sich der Landwirt Christian Gruel aus dem Dorf Owen. 1978 war er während eines Schottlandbesuchs angefixt worden und beschloss: Es muss nicht immer Obstler sein. Die Idee gärte ein paar Jahre – ein auch in der Whiskyherstellung bewährtes Verfahren, bevor dann 1991 ein Novum das Licht der Welt erblickte: ein schwäbischer Grainwhisky, hergestellt mit ökologisch angebautem Getreide.

Besonders fasziniert habe Gruel die zunächst »raue, fast abweisende Seele des Whiskys«, die man erst einmal »tief ergründen muss«, bevor man sein Dram wirklich genießen könne. Das passe wunderbar zur schottischen Natur, die mit ihrem herben Charme wiederum der Schwäbischen Alb ähnele. Wie nah man den Vorbildern gekommen ist, kann indes nur ein Tasting klären. Der erste Geruchseindruck: Der Tecker hat es in sich, dem wurde der Alkohol nicht zum Spaß eingebrannt. Mit recht konzentrierter Schärfe legt er sich zunächst auf die Zunge. Aber bereits der zweite Schluck gibt genauere Auskunft: Die Ex-Bourbon- und Barriquefässer haben ihre Arbeit durchaus zufriedenstellend erledigt. Der Schwabenwhisky trumpft mit einigen Holz- und Fruchtanteilen auf, auch ein Hauch dunkler Schokolade ist herauszuschmecken. Wirklich nachhaltig ist dieser Eindruck jedoch nicht.

Wie bei vielen Kleinbetrieben, so wurden auch im bäuerlichen Anwesen der Gruels historische Räumlichkeiten umfunktioniert. Der Tecker, benannt nach der über Owen thronenden Burg Teck, lagert für rund fünf Jahre in einem ehemaligen Kuhstall. Und offenbar ist er vielseitig verwendbar: Eine Kirchheimer Kosmetikerin hat den Schwabentrunk sogar erfolgreich ihrem eigens komponierten Duschgel beigemixt.

Geruch alkoholisch, mit Vanilleanteilen | **Geschmack** scharf, fruchtig | **Preisklasse** ** | **Varianten** Single Malt | www.manufaktur-gruel.de

ORIGINAL SWABIAN
ESTD 1989
TECKER®
WHISKY
40% vol
70cl
AGED 5 YEARS
SWABIAN SINGLE GRAIN WHISKY
unfiltered
MADE BY WHISKY DISTILLERY GRUEL GERMANY

99_Teeling

Irish Blend, 46 %

Ende des 19. Jahrhunderts war Dublin nicht nur das politische und kulturelle Zentrum Irlands, sondern auch das der Whiskeyproduktion. Dutzende Destillerien verwandelten Gerste und Wasser in edle goldbraune Flüssigkeiten, die in die ganze Welt exportiert wurden. Eine von ihnen gehörte der alteingesessenen Familie Teeling.

Dublin Liberties nennt sich ein Viertel am Südwestrand des Stadtzentrums. Die Ansiedlung geht auf die Normannen des 12. Jahrhunderts zurück, die hier gewisse Privilegien, unter anderem ihre eigene Jurisdiktion, genossen – bestimmte »liberties« also. Einst ein frühes Zentrum der aufkommenden industriellen Webereien, sorgen heutzutage vor allem die gute Lage und der historische Häuserbestand für florierende Geschäfte. 1782 befeuerte Walter Teeling hier seine erste Pot Still – 23 Jahre nachdem Arthur Guinness nebenan seine inzwischen weltberühmte Bierbrauerei etabliert hatte. Während das schwarze Stout alle Fährnisse überstand, war 1976 Schluss mit der Dubliner Whiskey-Herrlichkeit. Keine einzige Brennerei hatte es durch die Zeitläufte geschafft. Und beinahe 50 Jahre zogen ins Land, bis das Ruder wieder herumgerissen wurde: Walters Nachfahren Jack und Stephen Teeling kehrten 2015 zurück in die Liberties, wo ihre Familie 230 Jahre lang gewirkt hatte.

Der Teeling Small Batch (übersetzt: kleine Auflage) wird aus Malz- und Grainwhiskey geblendet. Er reift zunächst für einige Jahre in herkömmlichen Ex-Bourbonfässern, wird dann jedoch noch einmal für sechs Monate in gebrauchte Rumfässer umgefüllt. Und das merkt man natürlich sofort: Dieser Whiskey imponiert mit seinem süß-malzigen, sehr vollen Alkoholgeruch, ergänzt durch einen Hauch frisch geschnittenen Grases. Bei der Verkostung bleiben süß-trockene Noten dominant, der ein oder andere mag dabei auch an ein leckeres Vanille-Softeis denken. Ein öliger, weicher Abgang rundet das Erlebnis schließlich ab.

Geruch malzig, süß | **Geschmack** Rum, Vanille | **Preisklasse** *–** | **Varianten** Single Grain, Single Malt und andere | www.teelingwhiskey.com

THE TEELING WHISKEY CO
THE SPIRIT of DUBLIN
TEELING
WHISKEY
SMALL BATCH
THE TEELING WHISKEY CO.
DUBLIN • IRELAND
PRODUCT OF IRELAND
IRISH WHISKEY
NON CHILL
RUM CASKS
02/2016

100_Teerenpeli

Finnischer Single Malt, 10 Jahre, 43 %

Lahti gilt als die finnische Sporthochburg. Hier wurden Helden wie der Skispringer Janne Ahonen geboren, der jeweils fünfmal den WM-Titel und die renommierte Vierschanzentournee gewann. Ahonen war, wie manch andere seiner Landsleute, bekannt für extreme Alkoholeskapaden. Dass dabei Bier und finnischer Wodka im Spiel waren, gilt als ausgemacht. Ob das schlampige Genie jedoch je den Whisky seiner Heimatstadt getestet hat, konnte hier nicht ermittelt werden.

Geschadet hätte es Ahonen weiß Gott nicht, statt Unmengen billiger Plörre mal einen schicken Single Malt wie den Teerenpeli zu probieren. Das recht überschaubare Unternehmen begann 1995 zunächst als reine Bierbrauerei, der Whisky kam erst 2002 hinzu. Das Brennerei-Equipment importierte man aus Schottland, die Ingredienzen jedoch stammen samt und sonders aus heimischen Quellen. Der 10-jährige Single Malt kam erstmals im Oktober 2015 auf den Markt. Nettes Detail am Rande: Die bauchige Halbliterflasche ruht in ihrer Pappverpackung auf einem bierdeckelgroßen Sockel aus finnischer Fichte.

Vor dem finalen Abmischen lagerte er im Verhältnis 80 zu 20% in Bourbon- und Sherryfässern. Ein Teil des Gerstenmalzes wird leicht angetorft, was aber beim Geschmack keine großen Spuren hinterlässt. Auch das als besonders hart bekannte Wasser der Region drängt sich bei der Verkostung nicht in den Vordergrund. Was da das Glas zum Schimmern bringt, ist eine helle goldgelbe Flüssigkeit. Nach dem Öffnen der Pulle zieht der Teerenpeli als malzige Versuchung in die Nase. Dass man in Finnland dem Tango frönt, hat sich inzwischen herumgesprochen. Der Teerenpeli nähert sich dem Partner süß wie ein krosser Marmeladentoast. Gleichwohl bittet er ein wenig fesch-pfeffrig zum Tanz in der Blockhütte. Im Zusammenspiel des Paares übernimmt der Teerenpeli allerdings eher den weiblichen Part. Er wird geführt, um zu verführen.

Geruch malzig, ein Hauch Vanille | **Geschmack** toastig-süß | **Preisklasse** *** | **Varianten** Kaski (Sherryfässer), Portti (Portweinfässer) und andere | www.teerenpeli.com

AGED 10 YEARS
IN OAK CASK
TEERENPELI
SINGLE MALT WHISKY
AGED 10 YEARS
43% vol
50cl e
Distilled and bottled at
Teerenpeli Distillery Lahti Finland

101_Tobermory

Single Malt Scotch, 10 Jahre, 46,3 %

Vom Örtchen Tobermory auf Mull und seiner Destille wurde schon im Zusammenhang mit Ledaig-Whisky gesprochen (siehe Nummer 71). Der auf den Dorfnamen getaufte Vertreter kommt ebenso kräftig daher, unterscheidet sich jedoch ansonsten deutlich von seinem Bruder. Und das liegt nicht nur an der Tatsache, dass der Torf beim Tobermory außen vor blieb.

Mit dem Entkorken der Flasche gewinnt man den Eindruck, vor einem außergewöhnlich komplexen Wesen zu stehen. Die gut 46 Volumenprozent schieben sich nur im ersten Moment in den Vordergrund. Sie lassen – warum auch nicht – ihre Muskeln spielen, machen dann jedoch ergeben Platz. Dem Tobermory geht es schließlich nicht um einen Boxkampf mit dem Verkoster, sondern um einen zünftigen Jig oder Reel. Hier wurde tief in die Säcke mit den Gewürzen gegriffen, so viel ist klar. Aber zugleich unbestreitbar: Es waren nicht die billigen Pülverchen aus dem Discounterregal, die hier Eingang fanden, sondern ein paar ganz feine. Sehr kräftig schiebt sich der Ingwer in den Vordergrund. Zusammen mit einer Prise von diesem und jenem legt sich ein feucht-flüssiges Lebkuchenherz auf die Zunge. Eng umschlungen wird es noch immer von jener Eiche, in der es ein Jahrzehnt lang friedlich schlummerte. Und sei es die Kunst der Brenner oder die der Fassmeister: Zu den genannten Merkmalen gesellen sich florale Geister, die wie Bienen auf dem Kompott tanzen. Süßliche Elemente wechseln sich mit herberen ab, ein Schuss Anis scheint auch im Spiel.

Aber je länger man mit dem Tobermory improvisiert, desto stärker wird der Eindruck, dieser Drink wolle einen ein wenig zum Narren halten. Mit jedem Ansatz dominieren andere Geruchs- und Geschmacksnoten, man fühlt sich versetzt in ein olfaktorisch-gustatorisches Labyrinth. Ganz sicher jedoch handelt es sich hier um einen Irrgarten, in dem man sich gern verliert.

Geruch kräftig, würzig | **Geschmack** Eiche, floral | **Preisklasse** ** | **Varianten** 15, 20 Jahre | www.tobermorydistillery.com

EST
1798
TOBERMORY
EST.
THE ISLE 1798 OF MULL
SINGLE MALT SCOTCH WHISKY
AGED 10 YEARS
Distilled and Bottled by Tobermory Distillers Limited
46.3%Vol 70cl
ISLE OF MULL

102_ Tomatin

Single Malt Scotch, 43 %

So ein Tomatin gleicht eher einem Burger mit englisch gebratenem Beef als einem schnöden Hacklappen. Die Whiskys der schottischen Highlands sind allesamt eher raue Gesellen, und dieser Rowdy macht da keine Ausnahme. Die alkoholische, leicht angepfefferte Schärfe zieht zunächst wie 40er-Schleifpapier über die Zunge. Schnell jedoch stellen sich weitere Aromen ein, die den Charakter des Tomatin zugleich befrieden und erweitern. Vanille und Ananas mischen plötzlich mit, eine karamellige Süße besetzt den Rachenraum. Im Abgang wiederum zeigt dieses Destillat erneut sein erstes, härteres Gesicht.

Höhepunkte und Tiefschläge wechselten sich im einsam gelegenen Tomatin ab wie die schottischen Hügel und Täler. Auf frühe Pleiten folgte eine Phase mit bis zu 23 Brennblasen in den 1970ern. Für einige Jahre war Tomatin Schottlands größte Brennerei – zwölf Millionen Liter Jahresausstoß flossen in Single-Malt-Flaschen und als Anteile in die bekanntesten Blends dieser Welt. Nach der erneuten Insolvenz 1985 kam die Rettung schließlich aus Asien. Tomatin wechselte als erster schottischer Whisky komplett in japanische Hände.

Während der 12-jährige Tomatin als Klassiker der Brennerei gilt, bildet der verkostete Legacy sozusagen die Einstiegsdroge. 1897 offiziell gegründet, reichen die Wurzeln der hiesigen Whiskyproduktion wohl viel weiter zurück. Tomatin heißt übersetzt »Wacholderhügel«. Und weil gut getrocknetes Wacholderholz zwar aromatischen, aber recht wenig Rauch entwickelt, war es ein bevorzugtes Material der Schwarzbrenner. Ihre ersten Kunden waren, so der Gründungsmythos, jene Viehtreiber, die es zum rund 25 Kilometer entfernten Markt in Inverness zog. Eine geistige Stärkung können bis heute jedoch auch die Lachs- und Forellenfischer brauchen, die am wilden Findhorn River ihre Angeln auswerfen.

Geruch scharf, holzig-erdig | **Geschmack** Pfeffer, Ananas, Vanille | **Preisklasse** * | **Varianten** 12, 14, 18 Jahre | www.tomatin.com

ESTD 1897
TOMATIN
HIGHLAND SINGLE MALT
SCOTCH WHISKY
LEGACY
SINCE 1897
TIME IN BOURBON BARRELS AND VIRGIN OAK CASKS BRINGS A LIGHT SWEETNESS TO OUR SINGLE MALT, WHICH BOASTS AROMAS OF VANILLA, MARSHMALLOW, PINEAPPLE AND LEMON.
BOURBON & VIRGIN OAK CASKS
700ml e
DISTILLED AND BOTTLED IN SCOTLAND BY THE TOMATIN DISTILLERY CO LTD IV13 7YT
43% alc/vol

103 Tomintoul

Single Malt Scotch, 12 Jahre, 40 %

Der kleine, heute beinahe ausgestorbene Ort Tomintoul hat viel gesehen. Dort oben in den schottischen Highlands versteckte sich einst der Mörder Francis Percy Toplis (1896–1920), bevor man ihn entdeckte und erschoss. In den 1990ern wiederum investierte hier der Aufschneider »Lord« Tony Williams mehrere Millionen Pfund, die er als Finanzbeauftragter der Großlondoner Polizei abgezweigt hatte. Gut 200 Jahre zuvor hingegen ein Lichtblick: Der Einheimische Grigor Willox galt als »weißer Hexer«, zu dessen Verdiensten unter anderem zählte, dass hoffnungslose Kühe plötzlich Milch gaben und unfruchtbare Frauen schwanger wurden.

Die Zeiten der schrägen Vögel mögen vorerst vorbei sein. Aber das hoch gelegene Tomintoul – der Name bedeutet »Hügel mit Scheunen« – hat noch etwas anderes zu bieten: einen großartigen Whisky. Zwar gehört Tomintoul zur whiskyhistorisch legendären Speyside-Region, aber die eigene Geschichte reicht nicht allzu weit zurück. Erst 1964 wurde die Brennerei nördlich des Ortes angelegt. Trotz Erweiterungen um die ein oder andere Brennblase blieb die Produktion bis heute sehr übersichtlich.

Der ungetorfte Whisky wechselt zum Nachreifen vom Bourbon- ins Sherryfass. Nicht zuletzt dadurch entwickelt das Destillat einen fruchtigen Charakter, den man bereits beim Einschenken riecht. Der ausgewogene Früchtecocktail im Verein mit Eichenaromen und dem Sherryanteil bestimmt dann auch die anschließende Verkostung. »The gentle dram« nennt sich der Tomintoul im Untertitel, der freundliche Schluck also. Und da ist etwas dran. Dieser Whisky entfacht kein Rachenfeuer, sondern scheint eher zu sagen: »Lehn dich zurück, mein Lieber, wir machen das schon.« Zauberkünste darf man vom Tomintoul nicht erwarten. Aber durchaus ein Quantum Wohlfühltherapie, das ein wenig an den eingangs erwähnten Grigor Willox erinnert.

Geruch malzig-süß | **Geschmack** Früchte, Sherry | **Preisklasse** ** | **Varianten** verschiedene Jahrgänge; Peaty Tang (getorft) | www.tomintoulwhisky.com

TOMINTOUL
TOMINTOUL
PRODUCT OF SCOTLAND
TOMINTOUL
the gentle dram
AGED 12 YEARS
SPEYSIDE GLENLIVET
SINGLE MALT SCOTCH WHISKY
LIMITED EDITION
OLOROSO SHERRY CASK FINISH
A limited quantity of Tomintoul 12 years old has spent the concluding months of maturation in Oloroso Sherry Casks. This process of finishing imbues the whisky with enhanced characteristics and most notably with tones of sherry sweetness.
70cl ℮
MASTER DISTILLER
40% vol
DISTILLED & BOTTLED IN SCOTLAND

104_ Tullamore D.E.W.

Irish Blend, 40 %

Tullamore und Germany: Bis 2008 operierte in jener Stadt ein Mittelwellensender, der auch hierzulande empfangen werden konnte. Und bereits 1829 hatte dort eine Destillerie zu brennen begonnen, die mittlerweile den in Deutschland meistverkauften irischen Whiskey produziert.

Zum bedeutendsten Mitarbeiter in der Geschichte dieser Brennerei sollte sich Daniel Edmons Williams entwickeln. 1862, im Alter von 14 Jahren, begann er als Stallbursche in Tullamore zu arbeiten. Er absolvierte eine Ausbildung zum Brennmeister und stieg schließlich auf zum Manager der Destillerie. Den berühmtesten Whiskey, den er kreierte, benannte er nach seinen Initialen: D.E.W. Weil »Dew« jedoch zugleich auch »Tau« bedeutet, gab das Wort einen wunderbaren Werbeslogan ab: »Give Every Man his Dew«, dieser Spruch ist noch heute mit dem Whiskey aus Tullamore verbunden. Ende des 19. Jahrhunderts lagerten hier stets rund vier Millionen Liter dreifach gebrannten Whiskeys.

Hatte Daniel Elektrizität und Automobile in die Brennerei gebracht, so eroberte sein Enkel Desmond den US-amerikanischen Markt und etablierte den ersten irischen Blend. Bis heute wird der Tullamore aus einem Mix von Pot Still, Grain- und Maltwhiskey komponiert. Was dabei entsteht, macht dem Namen alle Ehre. Kaum ein Whiskey legt sich so »smooth«, so zärtlich über die Zunge wie der Tau von Tullamore. Wie eine irische Elfe kommt er angeflogen, um sich als wärmendes Uisce beatha, als »belebendes Wasser«, anzubieten. Seiner Sanftheit ist es vermutlich auch geschuldet, dass dieser Whiskey heutzutage als Massenprodukt durch die Welt strömt – mit Sondereditionen wie der Special Reserve als Sahnehäubchen des Brennereikuchens. Und weil er so erfolgreich ist, durfte er auch, nach 60 Emigrationsjahren im irischen Whiskeyzentrum Midleton, zurück ins heimische Tullamore und in eine nagelneue Brennerei ziehen.

Geruch zart, vanillig, fruchtig | **Geschmack** mild, dennoch leicht würzig | **Preisklasse** ** | **Varianten** verschiedene Jahrgänge und andere | www.tullamoredew.com

12
YEARS OLD
TULLAMORE
Est. D.E.W. 1829
Irish Whiskey
AGED 12 YEARS
TRIPLE DISTILLED
1829
SPECIAL RESERVE
THIS TWELVE YEAR OLD SPECIAL RESERVE HAS BEEN AGED IN OLD OAK BOURBON AND OLOROSO SHERRY CASKS WHICH IMPART AN EXCEPTIONALLY SMOOTH, RICH, ROUNDED FLAVOUR.
DANIEL E. WILLIAMS
40% VOL. 40% ALC./VOL.
PRODUCT OF IRELAND
700mL 70cl e
TULLAMORE
Est. D.E.W. 1829
Irish Whiskey
AGED 12 YEARS

105 Van Loon

Deutscher Single Malt, 3 Jahre, 42 %

Weser-Whisky – warum eigentlich nicht. Zumal, wenn die Umstände stimmen. Van-Loon-Inhaberin Brigitta Rust ist nicht nur Diplom-Kauffrau, sondern praktischerweise zugleich ihre eigene Brennmeisterin. Erlernt hat sie das hehre Handwerk ganz solide in Bayern, verschiedene Praktika, ebenfalls in Süddeutschland sowie in Österreich, erweiterten ihren Horizont. Diverse Obstler und die Reihe »Nordische Wildfrüchte« machten den Anfang. 2012 jedoch wurde an der Weser auch der erste Whisky gebrannt, der nun seit 2015 erhältlich ist.

Rührend die Namensgenese dieses mit großer Tatkraft auf den Markt gebrachten Produkts: Denn mit diesem setzte die Chefin ihrem 2015 geehelichten Mann, Dietrich Schulze van Loon, ein Denkmal. Ein hochprozentiges, wenn man so will. Mit seiner Reifezeit von drei Jahren erfüllt der Van Loon so gerade das Alterskriterium für Whisky. Aber im Rahmen dieser knappen Zeitspanne gibt man sich bei der Lagerung richtig Mühe in Bremen. Der hanseatische Single Malt wandert nach der Destillation zunächst in Barrique- und Bourbonfässer, bevor er fürs Finish noch eine Weile in ungarischen Tokajer-Behältnissen badet. Als Aufenthaltsort dient dabei ein historisches Weinlager am zugigen Europahafen, unmittelbar an der Weser gelegen. Ein Fenster, so liest man, bleibe stets offen, um die jodhaltige nordische Luft mit den Fässern zu vermählen.

Das Endprodukt reicht zwar nicht an schottische Vorbilder heran – nicht in der entsprechenden Preislage jedenfalls. Es kann sich aber dennoch sehen beziehungsweise schmecken lassen. Die erste Brise treibt den Geruch von Vanille und ein bisschen Orangenschale in die Nase. Saure Früchte mischen sich dann in das Geschmackserlebnis, das ein wenig durch die mitgereiste Schärfe getrübt wird. Nach zwei, drei Schlückchen ist man über diese jedoch hinweg und genießt einen durchaus würdevollen, würzig-keksigen Abgang.

Geruch Vanille, Malz | **Geschmack** kräftig-scharf, etwas sauer | **Preisklasse** *** | **Varianten** 5 Jahre | www.br-piekfeinebraende.de

VAN LOON
»the first hanseatic
single malt whisky«

106 Waldviertler

Österreichischer Rye, 6 Jahre, 41 %

Nur rund 70 Einwohner zählt der Weiler Roggenreith im niederösterreichischen Waldviertel. Der Wortbestandteil »Roggen« ist wörtlich zu nehmen: Das Getreide wird seit Jahrhunderten angebaut, bis vor Kurzem allerdings diente es ausschließlich der Brotherstellung. Seit 1995 jedoch ist das anders. »The Road to Roggenreith« führt auf eine süffige Fährte, gelangt man hier doch zur ersten Whiskydestillerie des benachbarten Alpenlandes. Die 1995 gegründete Brennerei der Familie Haider produziert unter anderem zwei reine Roggen- beziehungsweise Gerstenmalzwhiskys. Der hier vorgestellte Original Rye hingegen setzt sich aus 60 % Roggen und 40 % Gerste zusammen, ein Mischungsverhältnis, wie es auch bei den amerikanischen Rye-Whiskys üblich ist.

Bevor man in den Vereinigten Staaten begann, Bourbon vor allem aus Mais zu brennen, war Roggen das dominierende Getreide bei der Whiskyherstellung. Mit einem Rye taucht man von daher zunächst einmal tief ein in die Whiskyhistorie. Diese archäologische Expedition in Roggenreith gewagt zu haben, ist aller Ehren wert. Dass man seine Nase hier nicht in schottische Angelegenheiten steckt, wird mit dem Öffnen der Flasche klar.

Der ganz eigene Charakter ist nicht zuletzt darauf zurückzuführen, dass die österreichischen Whiskypioniere ausschließlich auf heimische Ingredienzen setzen. Sei es das Getreide, das Wasser, der Torf oder die Eichenfässer: Alles stammt aus der unmittelbaren Umgebung der Brennerei. Der Waldviertler Whisky dockt mit einer säuerlichen Forschheit an die Geruchsrezeptoren an. Die Roggenaromen legen sich mit deutlicher alkoholischer Schärfe aufs Tapet der Zunge. Der sehr fruchtige, leicht obstlernde Abgang wirkt ein wenig befremdlich für whiskygeschwängerte Kehlen. Aber ein junger, interessanter Draufgänger ist er allemal, dieser Ösi-Rye.

Geruch säuerlich, Brotteig | **Geschmack** Roggen | **Preisklasse** *** | **Varianten** Pure Rye und Malt | www.whiskyerlebniswelt.at

WALDVIERTLER
WHISKY
J.H.
ORIGINAL
RYE WHISKY
Destillerie J.Haider
A - 3664 Roggenreith 3
Telefon +43(0)2874 7496
www.whiskydestillerie.at

107_ Wolfburn

Single Malt Scotch, 3 Jahre, 46 %

Was hat ein junger, aus dem äußersten Norden Schottlands stammender Whisky gemein mit einem Schweizer Botaniker und Altphilologen des 16. Jahrhunderts? Ganz einfach: Conrad Gesner (1516–65) erforschte nicht nur die Natur, er war auch in der Lage, wunderbare Zeichnungen und Holzschnitte seiner Objekte anzufertigen. Bevor er als einer der angesehensten Wissenschaftler seiner Zeit starb, schuf er unter anderem das Bild eines »Seewolfs«. Nicht nur in Schottland glaubte man seinerzeit an die Existenz eines solchen Fabelwesens, das übers Wasser laufen konnte. Aber dort, in Thurso, an der Spitze des schottischen Festlands, war man von Gesners Wolf so beeindruckt, dass er es aufs Label eines Whiskys schaffte.

Der Wolfburn (»Wolfsbrunnen«) wurde erstmals 1821 auf den Markt gebracht. Aber bereits gegen Mitte des Jahrhunderts stockte die Produktion, und die Anlagen verkamen zur Ruine. Der Mythos des Seewolfs jedoch lebte weiter, und Anfang 2013 kehrte er leibhaftig zurück. Unweit der verfallenen Brennerei erstand eine neue, und schon 2016 konnte hier der erste Whisky verkostet werden. Sehr hell schimmert er im Glas, beinahe wie ein Weißwein.

Weil die Hauptvariante »Northland« in Fässern der Insel Islay lagerte, entschwebt dem Wolfsrachen ein leichtes Torfwölkchen. So jung, wie er ist, benimmt er sich auch. Der wölfische Welpe ist noch verspielt genug, um dem Taster auf (und vor allem: in) der Nase herumzutanzen. Seine 46 Volumenprozent fletschen schon einmal die Zähne, bevor es ans Trinken geht. Hat man ausreichend Witterung aufgenommen, wird der Wolf zutraulich, beinahe zum Haustier. Aber es ist kein Schoßhündchen, mit dem man da kuschelt, sondern ein Wesen, das seine wilde Herkunft jederzeit zeigt. Unter dem samtweichen Fell liegt ein muskelgestählter Körper, sprich: Dieser neu-alte Whisky deutet schon jetzt an, was er in ein paar Jahren zu leisten imstande ist.

Geruch jung, wild | **Geschmack** Zitrusfrüchte, ein Hauch Rauch | **Preisklasse** **–*** | **Varianten** Aurora (Sherryfässer, malziger) | www.wolfburn.com

WOLFBURN
SINGLE MALT SCOTCH WHISKY
Wolfburn Distillery, Thurso, Caithness, Scotland
DISTILLERY MANAGER
HAND CRAFTED
ALL OF OUR FINEST SPIRIT IS LAID DOWN IN SPECIALLY SELECTED OAK CASKS
NORTHLAND
70cl
Product of Scotland

108_ Woodford Reserve

Kentucky Straight Rye, 45,2 %

Heutzutage ist die Raumschiff-Enterprise-Legende William Shatner alias Captain Kirk der berühmteste ehemalige Einwohner von Versailles/Kentucky. Gegründet wurde das Städtchen jedoch 1792 zu Ehren des Marquis de La Fayette. Der einflussreiche General spielte sowohl im Amerikanischen Unabhängigkeitskrieg als auch in der Französischen Revolution eine größere Rolle. 1812, als der Aufstand längst zur Monarchie mutiert war, gründete Elijah Pepper in Versailles eine Brennerei. Nicht direkt revolutionär, aber ausgesprochen innovativ agierte sein Brennmeister James A. Crow, auf den diverse Neuerungen im Destillierverfahren zurückgehen. Unter anderem erfand der ausgebildete Arzt und Chemiker den Sour-Mash-Prozess: Durch »Impfung« der Maische mit Einheiten aus dem vorherigen Brand verbesserte er die Hygiene während der Fermentierung und sorgte zugleich dafür, dass der Woodford-Whiskey von gleichbleibender Qualität war.

Als Danny Crane in »Boston Legal« hält sich William Shatner an Chivas Regal. Privat jedoch dürfte er eher eine heimatliche Woodford Reserve bevorzugen. Die Rye-Variante aus Versailles basiert zu 53 % auf Roggen. Im Vergleich mit den maisbetonten Bourbons kommt der Rye nicht ganz so süß daher. Das mag allerdings auch daran liegen, dass sich die »Sweetness« den eindrucksvollen 45,2 Umdrehungen des Woodford beugt. Vanille und Karamell mischen durchaus mit im Spiel der Geschmackskräfte. Aber statt dem Gaumen zu schmeicheln, fordert dieser Whiskey ihn heraus – wie zu einem Duell unter Cowboys. Die Woodford Reserve schießt allerdings nicht mit blauen Bohnen, sondern eher mit Pfefferspray. Konzentriert und ungezähmt ergießt sie sich in die Kehle, um dort bleibenden Eindruck zu hinterlassen. Wäre sie ein Tier, so gliche sie einem Marder mit scharfen Krallen. Krallen allerdings, von denen man sich gern kratzkraulen lässt.

Geruch Getreide, Nüsse | **Geschmack** Pfeffer, leicht bitter | **Preisklasse** **–*** | **Varianten** Straight und Double Oaked Bourbon | www.woodfordreserve.com

DISTILLER'S SELECT
WOODFORD RESERVE
KENTUCKY STRAIGHT RYE WHISKEY
KENTUCKY STRAIGHT RYE WHISKEY
BATCH BOTTLE
012 03869
APPROVED BY MASTER DISTILLER
45.2% Vol.
70cl

109_ Writer's Tears

Irish Blend, 40%

»I traded my tomorrow/to remain in yesterday/whiskey tears are/falling now, each one/cries another day«, heißt es auf dem Label in vollendeter Schönschrift. Mittendrin im Gedicht: eine aus dem Papier gestanzte Träne, die den Blick auf den Flascheninhalt freigibt. Was klingt wie eine traurige Folkballade, huldigt tatsächlich den Poeten und der Poesie. Irland ist ein Land großer Dichter, man denke nur an James Joyce, Samuel Beckett oder Brendan Behan. Mit Letzterem, einem Trinker vor dem Herrn, gelingt auch die Wende zum Whiskey am elegantesten. Die Writer's Tears, die Tränen des Autors, werden über dem Manuskript vergossen – sei es vor lauter Rührung über die eigene Geschichte oder weil mal wieder eine temporäre Schreibblockade wie ein Damoklesschwert über der Zukunft als Schriftsteller hängt.

Die in Flaschen abgefüllten Writer's Tears aus dem südostirischen Carlow wirken auf den ersten Schluck durchaus geeignet, um Texte erfolgreich zu befeuern. Allerdings eher solche im lyrischen Stil von William Butler Yeats als einen Hard-Boiled-Krimi. Denn diese Tränen kommen sehr sanft daher, sie rinnen mehr, als dass sie tropfen oder gar aus den Augen schießen. Hier regiert eher der süße Schmerz als das pure Elend, unterstrichen von einem Hauch zarter Vanille und einer Dosis fein geriebener Nüsse. Auch mit dem zweiten Schluck bleibt man auf einer weichen, leicht hügeligen Wiese irgendwo in Irland. Ruhende Schafe kommen einem in den Sinn und auch die irische Butter mit ihrem Schmelz, der sie in den letzten Jahren in Deutschland so beliebt gemacht hat.

2009 kam dieser Blend aus irischem Pot Still (40%) und Single Malt (60%) erstmals auf den Markt, und er hat sich erfolgreich etabliert. Diesem Dichter weint man durchaus eine Träne nach, dem singt man ein leidenschaftliches Bye-bye hinterher, im Sinne von: Junge, komm bald wieder.

Geruch Vanille, süß | **Geschmack** sanft, leicht buttrig | **Preisklasse** ** | **Varianten** Red Head, Cask Strength | www.walshwhiskey.com

WRITERS
TEARS
COPPER POT
IRISH WHISKEY
PRODUCT OF IRELAND
WALSH WHISKEY DISTILLERY LTD

110_ Yellow Spot

Irischer Single Pot Still, 12 Jahre, 46 %

Der Yellow ist der noch etwas edlere Bruder des Green Spot, dem seit Jahren allseits beliebten irischen Blend. Die bewusst simpel gehaltenen Namen gehen angeblich auf die mangelnde Schulbildung der alten Brennereiarbeiter zurück. Weil sie des Lesens unfähig waren, markierte man die verschiedenen Fässer mit bunten Punkten statt Buchstaben. Wie Redbreast (siehe Nummer 88) entsteht auch dieser Whiskey im irischen Pot-Still-Verfahren, bei dem gemälztes mit einem ordentlichen Anteil ungemälztem Getreide ergänzt wird. Nach zwölf Jahren der Reifung werden dann die Destillate aus Bourbon-, Malaga- und Sherryfässern miteinander vermengt und mit Hilfe von Wasser auf 46 % reduziert – fertig ist der Yellow Spot.

Der Green Spot wurde Anfang der 1920er Jahre etabliert. Lange Zeit führte er ein Aschenputteldasein, bevor die Whiskykoryphäe Jim Murray ihn mit seinem Lob aus der Versenkung holte. Auch der Yellow Spot litt unter dem biederen Ruf, so sehr, dass die Produktion Mitte des letzten Jahrhunderts komplett eingestellt wurde. Der Spot-Boom spülte jedoch 2012 auch die gelbe Variante wieder ans Licht – zum Glück. Denn um diesen extrem würzigen, an frisch gemahlenen Kaffee und (leckeren!) Hustensaft erinnernden Trank wäre es schade gewesen.

Spot-Whiskeys werden zwar inzwischen wie beinahe alle irischen in Midleton produziert. Irlandweit einzigartig jedoch ist, dass dies im Auftrag eines einzigen Shops geschieht. Der aus Nordengland eingewanderte William Mitchell war gelernter Bäcker. Sein ursprünglich an der Grafton Street gelegenes Geschäft startete 1805 mit dem Verkauf von Keksen und Heißgetränken. Dort konnte man die Ladys der Dubliner High Society dabei beobachten, wie sie an einem bis dato exotischen Getränk namens Kaffee nippten. 1887 schließlich stieg das bis heute familiengeführte Unternehmen Mitchell & Son in den Whiskeymarkt ein. Ein weiser Entschluss!

Geruch fruchtig, Kaffee, Pfeffer | **Geschmack** Honig, Kaffee, Eiche | **Preisklasse** *** | **Varianten** Green Spot | www.mitchellandson.com

YELLOW SPOT
Single Pot Still Irish Whiskey
AGED 12 YEARS
BOURBON, SHERRY AND MALAGA
NON CHILL FILTERED

111_ Yoichi

Japanischer Single Malt, 45 %

Die Whiskywelt riss die Augen auf, als Anfang der 2000er Jahre plötzlich japanische Lebenswässerchen internationale Preise abräumten. Aber von ungefähr kam dies keineswegs. Japaner gelten als fleißige Menschen, und wenn sie etwas lernen wollen, sehen sie genau hin. Von Masataka Taketsuru war bereits im Zusammenhang mit Hakushu-Malt die Rede (siehe Nummer 56). Im Dezember 1918 war er in Schottland angelangt und schrieb sich an der Glasgower Universität ein. Schon vier Monate später arbeitete er parallel zum Studium bei seiner ersten Whisky-Destillerie. Dort lernte er das Handwerk von der Pike auf, und seine Liebe zu Whisky mündete sogar in eine Liebe in Schottland: Anfang 1920 heiratete er die Arzttochter Rita Cowan. Zurück in Japan, gründete der aus einer Sakebrauer-Dynastie stammende Pionier 1934 seine eigene Whisky-Brennerei. Als Standort für das später Nikka getaufte Unternehmen wählte er die Kleinstadt Yoichi auf Hokkaido. Das milde Klima dort, erzählte Taketsuru später, erinnerte ihn an Schottland.

Seit dem Relaunch von 2016 kommt der zuvor als 10-jährig etikettierte Yoichi ohne Altersangabe daher – konsequent, schließlich wird er aus verschiedenen Jahrgängen gemixt. Dass man es weiterhin mit einem in Würde gereiften Produkt zu tun hat, bestätigt das erste Nosing. So ein Yoichi offeriert einen Cocktail aus allem, was Whiskyliebhaber riechen und schmecken möchten: Da finden sich Getreide und Eiche, florale und fruchtige Noten genauso wie Malz und ein Hauch von Torf, der sich wie ein Gazeschleier an den Geschmackskörper anschmiegt. Wie kühles seidenes Öl läuft dieser Whisky über die Zunge und lädt die Kiefer zum fröhlichen Mahlen ein, um möglichst alles aus diesem delikaten Drink herauszubeißen. Mit der Wärme einer pazifischen, küstensalzigen Sommerwelle sickert der Yoichi in den Sand unserer Seele. Und was zurückbleibt, ist ein Gefühl von Frieden und Glückseligkeit.

Geruch voll, angetorft, fruchtig | **Geschmack** Eiche, Malz, Meer | **Preisklasse** *** | **Varianten** Coffey Grain, diverse Blends und andere | www.nikka.com

NIKKA WHISKY
SINGLE MALT
YOICHI
NIKKA WHISKY
SINGLE MALT
YOICHI
余市
余市蒸溜所シングルモルト
北海道 余市蒸溜所でつくられたモルト原酒
PRODUCED BY THE NIKKA WHISKY
DISTILLING CO.,LTD.,JAPAN
ウイスキー
alc.45% WHISKY
since
1934

Kleines Whisky-Glossar

Angels' share
Alkohol, der sich bei der Fasslagerung verflüchtigt – der Anteil der Engel.

Beer
Produkt des Maischens, auch Wash genannt.

Blended Whisky
Entsteht durch die Vermählung von Malt- und Grainwhiskys.

Bourbon
Amerikanischer Whiskey, hergestellt mit mindestens 51 % Mais und mindestens zwei Jahre gelagert.

Cask Strength
Whisky, der unverdünnt, also mit voller Fassstärke, in die Flaschen abgefüllt wird.

Kühlfiltrierung
Herunterkühlung des Whiskys auf 0 bis 4 Grad, um spätere Eintrübung durch Schwebstoffe zu vermeiden.

Column Still
Säulenbrennverfahren, das – gegenüber den zwiebelförmigen Pot Stills – kontinuierliches Brennen ermöglicht.

Darren
Trocknen des eingeweichten Getreides zum Zwecke der (Teil-)Keimung. Zuweilen mittels Torffeuer vollzogen.

Dram
Allgemein: ein Glas Whisky. Historische, von der imperialen Gallone (4,546 Liter) abstammende Einheit à 2,8 Zentiliter.

First Fill

Erste Befüllung eines bereits anderweitig gebrauchten Fasses (zum Beispiel Sherry) mit Whisky.

Finishing

Umfüllung des Whiskys in zum Beispiel ein Sherryfass für die letzten Monate der Reifung.

Grain

Whisky, der aus Weizen, ungemälzter Gerste und beliebigen anderen Getreiden bestehen kann. Zumeist zum Blenden benutzt.

Grist

Das für die Whiskyherstellung typische grobe Getreideschrot.

Kiln

Bezeichnung für das Gebäude und den dort stehenden Ofen, mit dem das Malz nach dem Keimen trocknet, also gedarrt wird.

Lyne Arm

Verbindung zwischen Pot Stills und Condensern.

Maischen

Prozess, bei dem die in der Gerste enthaltene Stärke mittels warmem Wasser in Zucker umgewandelt wird.

Mash Tun

Maischebottich.

Master Blender

Derjenige in der Brennerei, der entscheidet, welche Fässer miteinander verheiratet werden.

Maturing

Die Whiskyreifung von der Befüllung des Fasses bis zur Abfüllung der Flaschen.

Nosing

Das genussvoll-testende Riechen am Whisky.

Phenole

Chemische Anteile, die der Whisky aus dem Torf aufnimmt. Sie werden gemessen in ppm, also parts per million.

Pot Still

Klassische zwiebelförmige Brennblase, ursprünglich aus Kupfer.

Rye

Whisky auf Roggenbasis (mindestens 51 %). Ursprüngliche amerikanische Variante vor dem verstärkten Einsatz von Mais.

Single Malt

Gerstenmalzwhisky aus einer einzigen Destillerie.

Spirit Still

Brennblase für den zweiten Brenngang nach dem in der Wash Still.

Tasting

Verkostung des Whiskys.

Torf

Beliebter Brennstoff zum Darren. Der Torfrauch zieht ins trocknende Getreide und findet sich über seine Phenole auch noch Jahre später in der Flasche wieder.

Tumbler

Kurzes, breites Glas, vor allem für Bourbon verwendet.

Uisge beatha

Schottisch mit g, irisch mit c geschrieben. Keltisch für Lebenswasser, anglifiziert »Whisky«.

Verheiraten

Whiskys aus verschiedenen Fässern landen in einem gemeinsamen.

Warehouse

Fachwort für die Fasslager.

Wash

Bezeichnung für den zukünftigen Whisky nach der Fermentierung mit Hefe zum Abschluss des Maischens. Aus gutem Grund auch »beer« genannt.

Wash Still

Brennblase für den ersten von zwei (oder irisch: drei) Destillationsdurchläufen.

Wort

Beim Maischen entstehendes flüssiges Gerstenmalz. Vorform der Wash.

Die schottischen Whiskyregionen

Das Nosing Wheel

Das Nosing Wheel ist ein Hilfsmittel bei der Verkostung und Beschreibung von Whisky. Es berücksichtigt olfaktorische Zusammenhänge und die Konstruktion der menschlichen Geruchsrezeptoren. Es existieren zahllose Varianten von Nosing Wheels, immer recht hat aber keines von ihnen.

Bernd Imgrund
KÖLLE, JEFÖHLT!
ISBN 978-3-95451-904-0

»Eine Zusammenstellung, in der Imgrund kreativ, witzig und liebevoll die Stärken und Schwächen seiner Heimatstadt beleuchtet.« Kölnische Rundschau

Bernd Imgrund
111 KÖLNER, DIE MAN KENNENLERNEN SOLLTE
ISBN 978-3-95451-322-2

»Ein Buch, in dem man immer wieder schmökert, obwohl man doch nur mal eben die eine Geschichte lesen wollte ...« Kölner Stadt-Anzeiger

Bernd Imgrund
111 DEUTSCHE, DIE MAN KENNEN SOLLTE
ISBN 978-3-95451-836-4

»Der Autor spannt unterhaltsam und kurzweilig einen weiten Bogen.« Frizz

Bernd Imgrund und Britta Schmitz
111 KÖLNER ORTE, DIE MAN GESEHEN HABEN MUSS / Band 1
ISBN 978-3-89705-618-3

»Das schönste Köln-Buch 2008.« Prinz
»Das Buch dürfte selbst für den erfahrenen Kölnkenner noch einige Überraschungen parat halten!« Kölner Illustrierte

Bernd Imgrund und Britta Schmitz
111 KÖLNER ORTE, DIE MAN GESEHEN HABEN MUSS / Band 2
ISBN 978-3-89705-695-4

»Bernd Imgrund und Britta Schmitz haben wieder geniale, oft unbekannte Plätze und ihre Geschichte gefunden.« BuchMarkt

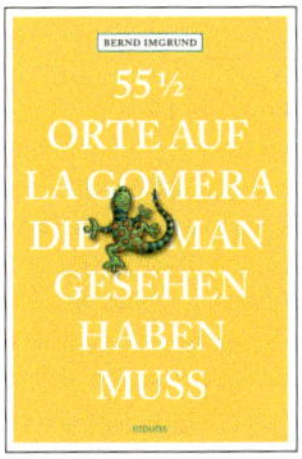

Bernd Imgrund
55 ½ ORTE AUF LA GOMERA, DIE
MAN GESEHEN HABEN MUSS
ISBN 978-3-95451-700-8

»Ein Reisebuch für alle Fans und Liebhaber des Archipels und solche, die es werden wollen und einmal nicht auf den abgetretenen Wegen wandeln möchten.« www.spanienaktuell.es
»Dieses Buch von Bernd Imgrund will den Blick auf das Besondere, das nicht sofort ins Auge Fallende richten.« Der Valle-Bote

Bernd Imgrund
111 KÖLNER KNEIPEN, DIE
MAN KENNEN MUSS
ISBN 978-3-89705-838-5

»Die kultigsten Kneipen von Köln.« Express
»Der Durst kommt beim Lesen. Ein kurzweiliger Kneipenführer, in dem es nicht um Gastrokritik, sondern ein Stück kölscher Lebenskultur geht.« Kölnische Rundschau

Bernd Imgrund
111 DEUTSCHE WIRTSHÄUSER, DIE
MAN GESEHEN HABEN MUSS
ISBN 978-3-95451-080-1

»Ein süffiger Insiderführer unserer atmosphärisch wertvollsten Traditionslokale.« Bild Ruhrgebiet

Bernd Imgrund
111 ORTE IN DER EIFEL, DIE MAN
GESEHEN HABEN MUSS
ISBN 978-3-95451-003-0

»Bernd Imgrund geht es um die schönen, schaurigen und skurrilen Orte.« General-Anzeiger

Danksagung

Ich bedanke mich bei meinem Freund Gregor Nacke von Cadenhead's Whisky Market in Köln (www.cadenheads.de) für seine zahlreichen Tipps und die große Hilfsbereitschaft. Vielen Dank auch an alle Brennereien, die uns ihre Whiskys zur Verfügung gestellt haben.

Der Autor

Bernd Imgrund, geboren 1964 in Köln, arbeitet als Autor und Journalist. Er schrieb u. a. eine Kulturgeschichte des Skatspiels (»Das Skat-Lesebuch«) sowie den Schelmenroman »Quinn Kuul«. Zum Whisk(e)y kam er durch eine Radtour durch Schottland und einen halbjährigen Aufenthalt im irischen Südwesten, den er seitdem regelmäßig besucht. Im Emons Verlag erschienen u. a. die Stadtführer »111 Kölner Orte, die man gesehen haben muss« (Band 1 und 2) und die satirische Grafiken-Sammlung »Kölle, jeföhlt«.

Der Fotograf

Tobias Fassbinder, geboren 1988 im Herzen von Köln, ist seit 2009 ganz nach dem Motto »Mach glücklich, was dich glücklich macht« in den Bereichen Werbe- und Peoplefotografie tätig. Er liebt es, Ideen nach seinen Vorstellungen zu realisieren.
www.tobias-fassbinder.com